무엇이 삶을 놀이로 만드는가

상상을 현실로 이뤄 주는 타고난 창조적 힘에 관하여

FREE PLAY

무엇이 삶을 놀이로 만드는가

상상을 현실로 이뤄 주는 타고난 창조적 힘에 관하여

스티븐 나흐마노비치 지음

권혜림 옮김

불광출판사

추천의 말

"샌프란시스코에서 스티븐 나흐마노비치의 연주를 처음 들었을 때, 그리고 나중에 그가 영국에 있는 우리 학교를 찾아왔을 때, 나는 그의 존재에 완전히 매료되었다. 이 책을 읽고 나니 그의 접근 방식을 더 깊이 이해하게 되었다. 학교, 사무실, 병원, 공장에서 이 책을 만난다면 어떨까? 우리 인생을 흥미롭게 해 줄 아주 중요한 책이 틀림없다."

- 예후디 메뉴인(바이올리니스트)

"스티븐 나흐마노비치는 인간의 고유성을 찬양한다. 그러면서 우리가 타고난 놀이 능력, 창조력, 독창성을 더 잘 활용하도록 도와준다. 결국 이 책은 우리 안에 내재된 최선의 가능성을 끌어내기 위한 안내서이다."

- 노먼 커즌스(《웃음의 치유력》의 저자·언론인)

"중요한 자리에 초대받았다. 곧 모임이 시작되는데 옷은 세탁소에 있고 세수를 하거나 면도할 시간도 없다. '심각한' 상황인가? 즉흥 연주가 바로 그렇다. 나흐마노비치의 책은 즉흥성에 대한 중요한 이야기를 생생하게 전하고 있다."

- 키스 자렛(재즈 피아니스트)

"이 책은 창조성이라는 신비로운 주제를 깊이 파고들어 심오한 통찰과 철저한 분석을 바탕으로 풀어내고 있다. 실제로 무언가를 창조하고 아이디어를 실현하는 방법을 알고 싶다면 한 번쯤 읽어 봐야 할 책이다."

- 로버트 M. 피어시그(《선과 모터사이클 관리술》의 저자)

"스티븐 나흐마노비치의 글은 산문을 뛰어넘어 시(詩) 그 자체다. 모든 장마다 신선한 생각을 공유한다. 익숙한 것을 바라보는 새로운 시각, 날카로운 통찰력과 현명한 조언이 담겨 있다. 읽는 내내 푹 빠져 즐거움을 만끽하게 된다!"

– 윌리스 하먼(미래학자·캘리포니아대학교 이사회 운영위원)

"모든 즉흥 연주 책의 어머니."

– 제프리 애그렐(호른 연주자·아이오와대학교 음악대학 교수)

"이 책은 창조 작업 과정을 탐구할 뿐 아니라 독자가 자신의 창조적 잠재력과 능력을 발견하고 그것과 연결될 기회를 만들어 준다. 모두가 반드시 읽어 봐야 할 책이다."

– 《하버드 에듀케이셔널 리뷰》

"나흐마노비치는 요리에서 코미디에 이르기까지 다양한 분야에 적용할 수 있는 창조적 도구를 제공한다. 그가 의도하는 바는 딱 하나다. 말로는 다 표현할 수 없는 주제를 맛있게 잘 버무려 내놓는 것, 표면 너머의 본질로 독자를 이끄는 것이다."

– 《키보드 매거진》

"어떤 분야에서든 창작을 꿈꾸는 모든 사람에게 훌륭한 안내서이다."

– 《뉴 우먼》

〈피리 부는 소년〉, 가쓰시카 호쿠사이(葛飾 北斎)

차례

2부 | 창조는 어떻게 이루어지는가

3부 | 무엇이 우리를 성숙하게 하는가

4부 | 우리는 무엇을 만드는가

원하는 대로 삶을 그려 나가라.

그리고 행복하게 죽음을 맞이하라.

- 헨리 밀러(소설가)

머리말

새 피리를 연주하는 법

신이라면 할 수 있으리라.
그런데 어찌 인간이 이토록 아름다운 소리를 낼 수 있는가?

– 라이너 마리아 릴케(시인)[1]

옛 산스크리트어에 릴라(lila)라는 말이 있다. 놀이라는 뜻이다. 창조와 파괴 그리고 재창조로 이어지는 놀이, 우주를 열고 닫는 신성한 놀이다. 자유롭고 깊이 있는 릴라는 눈앞의 순간을 즐기고 기쁨을 만끽하는 일이자 신의 놀이다. 이는 또한 사랑을 의미한다. 어쩌면 릴라는 가장 단순한 것, 즉흥적이고 유치하며 무장해제의 상태에서 이루어지는 무엇일지 모른다. 하지만 나이가 들고 삶의 복잡함을 경험하게 되면 가장 이루기 어렵고 힘든 일이 되어 버린다. 릴라의 상태에 이른다는 건 진정한 자아로 돌아간다는 뜻이다.

앞으로 다루게 될 내용을 아우르는 일본의 옛이야기[2]로 이 책을 시작하려고 한다. 자유로운 놀이 상태에 이르는 법, 예술과 독창성이 솟아나는 창조의 샘을 찾아내는 법을 엿볼 수 있는 이야기다. 또한 뛰어난 재능을 가진 젊은 음악가가 기교의 차원을 넘어 진정한 예술의 경지, 삶의 원천에서 솟아나는 날것의 경지에 도달하는 과정을 보여 주는 이야기이기도 하다.

※

중국에서 새로운 피리가 만들어졌다. 일본의 한 거장 음악가가 피리의 미묘하고 아름다운 소리에 매료돼 그것을 고국으로 가져와 전국을 돌며 연주회를 열었다. 어느 날 저녁, 그는 한 마을에서 음악가와 음악 애호가들이 모인 자리에 참석해 연주를 하게 되었다. 음악회가 끝날 무렵 자신의 이름이 호명되자, 그는 새 피리를 가지고 나가 곡을 연주했다. 연주가 끝나자 긴 침묵이 흘렀다. 그때 뒤쪽에 있던 가장 나이 많은 노인이 말했다. "신의 소리군!"

다음 날 거장 음악가가 떠날 준비를 하고 있는데 마을의 음악가들이 다가와 새 피리를 능란하게 연주하려면 시간이 얼마나 걸리겠느냐고 물었다. 몇 년쯤 걸린다는 대답에 그들은 제자를 한 명 받아 달라고 부탁했고 그는 승낙했다. 그가 떠난 후 마을 음악가들은 아름다움에 민감하고 성실하며 신뢰할 수 있는, 뛰어난 재능을 가진 청년을 거장에게 보내기로 했다. 청년에게 생활비와 학비를 쥐여 주고 거장이 살고 있는 도시로 유학을 보냈다.

스승은 제자가 도착하자 간단한 곡 하나를 주어 연습하게 했다. 처음에는 체계적인 훈련이 필요했지만 머지않아 제자는 기술적인 부분을 완전히 습득했다. 이후에도 제자는 매일 꾸준히 같은 곡을 연습했다. 하지만 스승으로부터 돌아온 것은 "무언가 부족하다"라는 말뿐이었다. 제자는 인정받기 위해 할 수 있는 모든 것을 했다. 쉬지 않고 연습에 몰두했다. 그러나 며칠 몇 주가 지나도 스승의 평가는 똑같았다. 제자는 스승에게 곡을 바꿔 달라고 간청했지만 소용없었다. 매일 같은 곡을 연주하고 매일 무언가 부족하다는 평가를 듣길 몇 달간 반복했다. 인정받으려는 욕망과 실패에 대한 두려움이 점점 커져 갔고, 제자는 희망과 절망 사이를 오가며 괴로워했다.

마침내 불안감을 견디지 못한 제자는 어느 날 밤 짐을 싸서 몰래 집을 나왔다. 돈이 바닥날 때까지 한동안 도시를 전전하면서 술도 마시기 시작했다. 결국 빈털터리가 되어 고향으로 돌아온 그는 차마 같이 음악을 하던 이들을 볼 면목이 없어서 마을 외곽의 빈 오두막을 찾아 들어갔다. 여전히 피리를 가지고 있었고 연주도 했지만 음악에서 새로운 영감을 찾지는 못했다. 다행히 지나가던 농부들이 그의 연주를 듣고 자녀를 보내 교습을 받게 했고, 그렇게 몇 년 동안 생계를 이어 갔다.

어느 날 아침 누군가가 오두막의 문을 두드렸다. 마을에서 가장 나이가 많은 대부 음악가와 그의 어린 제자였다. 그날 밤 음악회가 열릴 예정인데 그가 참석하지 않는다면 취소하겠다며 끈질기게 설득했다. 정성 어린 부탁에 두려움과 창피함을 이겨 낸 그는 홀린 듯이 피리를 집어 들고 연주회장으로 갔다. 무대 뒤에 서서 차례를 기다리는 동안 아무도 그의 내적 침묵을 방해하지 않았다. 마침내 자신의 이름이 호명되자, 그는 허름한 차림으로 무대에 올랐다. 손에 들린 건 새 피리였다. 더 이상 얻을 것도 잃을 것도 없음을 깨달은 그는 자리에 앉아 과거 스승 앞에서 수없이 연주했던 곡을 연주했다. 연주가 끝나자 긴 침묵이 흘렀다. 그때 뒤쪽에서 노인의 부드러운 목소리가 들렸다. "신의 소리군!"

〈십우도〉 중 기우귀가(騎牛歸家), 곽암(廓庵)

창조성이라는 수수께끼

즉흥 연주는 수수께끼다. 이에 관해 책을 쓸 수도 있겠지만
정작 아무도 그것이 무엇인지 알지 못한다. 즉흥 연주가 잘되면
나는 반쯤 잠든 상태가 된다. 내 앞에 청중이 있다는 사실조차 잊어 버린다.
훌륭한 즉흥 연주자는 성직자와 같아서 오직 자신의 신에 대해서만 생각한다.

– 스테판 그라펠리(재즈 바이올리니스트)[3]

나는 음악가다. 내가 가장 좋아하는 일 중 하나는 바이올린, 비올라, 전자 바이올린으로 즉흥 연주를 하는 것이다. 청중과 일대일로 만나기, 그리고 찰나의 순간이 가진 생생함과 구조적 긴장과 균형이 모두 담긴 작품을 만드는 일은 도전적이고 활기 넘치는 작업이다. 직접적인 소통을 통해 인상적이고 감동적인 경험을 할 수 있다.

즉흥 연주에 대한 경험을 돌이켜 보면 '내'가 '무언가를 한다'라기보다 오히려 누군가의 지시에 따라가는 일에 가깝다. 물론 이는 작곡가, 시인, 기타 예술가들로부터 수차례 들어 온 이야

기다. "스승님, 어떻게 그토록 많은 선율을 생각해 낼 수 있습니까?" 하고 묻는 제자의 질문에 바흐(Johann Sebastian Bach)가 "아침에 일어날 때 저절로 떠오르는 걸 다 받아 적지 못하는 게 문제지 생각하는 건 힘든 일이 아니다"라고 답했다는 일화가 있다. 미켈란젤로(Buonarroti Michelangelo)의 조각론도 유명하다. 조각상은 태초부터 본래 돌 안에 있으며, 조각가의 임무는 그것을 알아보고 조심스레 필요 없는 부분을 깎아 내는 것이라는 관점이다. 시인 윌리엄 블레이크(William Blake)도 비슷한 맥락에서 "겉으로 드러난 표면을 녹여 내 숨겨져 있는 무한의 존재를 드러낸다"라고 표현한 바 있다.[4]

이 책은 즉흥적인 창조의 내적 원천을 탐구하는 책이다. 예술이 어디에서 비롯되는지에 관해 이야기한다. 여기서 말하는 예술의 범주는 무한하다. 자동차 정비공이 보닛을 열어 섬세하고 노련하게 손과 눈을 움직이며 유기적이고 온전한 결과물을 위해 작업하는 모습에는 뛰어난 피아니스트, 화가, 시인이 선사하는 감동과 맞닿은 데가 있다. 그런 의미에서 이 책은 어떤 분야든 자신이 가진 창조적 힘을 찾고 강화하고자 하는 모든 사람을 위한 책이다.

이 책을 통해 인간의 상상력을 최대로 사용할 때 얻어지는 깨달음, 기쁨, 책임감, 평화를 널리 알리고자 한다. 여기서 우리는 직관적인 음악을 비롯한 모든 즉흥 작업이 어떤 식으로 우리 안에서 이루어지는지, 삶의 특정 요소가 어떤 식으로 그 작업을 가로막고 방해하고 모호하게 하는지, 그럼에도 결국 어떤 식으로 즉흥성을 해방시켜 자신의 진짜 목소리로 말하고 노래하고 글 쓰고 그림 그릴 수 있는지를 살펴볼 것이다. 이 모든 질문은 현재 활동하고 있는 예술가들의 실제 경험은 물론 종교와 철학의 영역과도 긴밀히 연결되어 있다.

창조의 원천은 무엇일까? 과거 시인들에게 뮤즈란 어떤 의미였을까? 뮤즈는 누구일까? 상상력 놀이는 어디에서 시작될까? 언제 소리가 음악이 되고 패턴과 색깔이 예술이 될까? 언제 글이 문학이 되고 앎의 전수가 가르침이 될까? 어떻게 하면 정해진 구조와 즉흥성, 규율과 자유 사이에서 균형을 이룰 수 있을까? 예술가가 지닌 삶의 열정은 어떻게 작품에 반영될까? 작품의 창조자로서 스스로에게 동기 부여가 되는 처음의 열정과 비전이 매 순간 작품 활동에 드러나게 하려면 어떻게 해야 할까? 예술가는 떠나고 그가 남긴 작품만이 있을 때, 그것을 보고 듣고 기억하고 받아들여야 할 예술의 목격자로서 우리는 어떻게 그 열정을 온전히 읽어 내고 널리 전달할 수 있을까? 악기나 예술과 사랑에 빠진다는 건 어떤 느낌일까?

나는 내적 차원에서 즉흥성을 탐구하고자 이 책을 쓰기 시작했다. 한순간에 음악 한 곡이 작곡되고 연주되어 온전하고 만족스러운 결과물로 탄생할 수 있다는 사실에 매료될 수밖에 없었다. 처음 즉흥 연주를 시작했을 때, 나는 음악 연주를 훨씬 넘어선 일종의 영적 교감 또는 무언가 깨달음에 가닿은 듯한 흥분을 느꼈다. 동시에 즉흥 연주는 음악의 영역을 확장시켜 삶과 예술 사이에 존재하는 인위적인 장벽을 무너뜨렸다. 나는 짜릿하면서도 까다로운 자유를 발견했다. 즉흥 연주가 이루어지는 순간에 나는 모든 창조의 과정을 보았으며, 스스로 창조하고 조직하며 진정성 있는 태도로 삶을 살아가기 위한 실마리를 찾았다. 그렇게 나는 즉흥성을 창조성의 열쇠로 여기게 되었다.

어떤 의미에서 모든 예술은 즉흥 연주다. 한 번에 완성되어 있는 그대로 온전히 연주되는 경우가 있는가 하면, 대중에게 선보이기 전에 일정 기간 수정과 재구성을 거쳐 '다듬어진' 즉흥 연주도 있다. 오선지에 곡을 쓰는 작곡가도 처음에는 즉흥적으로 작업한 다음 기법과 이론을 가미해 조금씩 곡을 다듬는다. 오스트리아의 작곡가 아르놀트 쇤베르크(Arnold Schoenberg)는 "작곡은 속도를 늦춘 즉흥 연주다. 때로는 머릿속에서 곡이 너무 빠르게 연주되어 제대로 받아 적지 못하고 놓치기도 한다"라고 말했다.[5] 어찌 보면 널리 사랑받는 예술 작품이란, 왔다가 사라지는 긴 여정이 남긴 흔적 또는 유물이다. 즉흥 연주를 통해 우리는 그 여정에 대한 느낌을 얻는다.

즉흥 연주는 가장 자연스럽고 널리 퍼진 음악 작업 방식이다. 지난 세기까지만 해도 즉흥 연주는 서양의 유구한 음악 전통에서 중요한 역할을 담당했다. 레오나르도 다 빈치(Leonardo da Vinci)는 비올라 즉흥 연주의 선구자로서 친구들과 함께 시와 음악이 어우러진 오페라 한 편을 즉석에서 선보이기도 했다.[6] 바로크 음악에서 건반악기로 주어진 기본 저음부 위에 즉흥으로 화음을 넣어 연주하는 기법은 오늘날 재즈 음악가가 주제 선율을 바탕으로 코드 변화를 주어 자유롭게 연주하는 것과 비슷하다. 고전 시대에 바이올린과 피아노 및 기타 협주곡의 카덴차(cadenza, 악곡이나 악장의 마침 직전에 연주자의 기교를 최대한 발휘할 수 있도록 구성된 화려하고 자유로운 무반주 부분)도 일종의 즉흥 연주로서 연주자가 전체 작품 안에서 자기만의 독창성을 발휘할 수 있는 기회였다.

바흐와 모차르트(Wolfgang Amadeus Mozart)는 모두 자유롭고 재기 넘치며 상상력이 풍부한 즉흥 연주로 유명했는데, 음악계에 두 음악가의 업적과 관련한 감동적이고 재미있는 이야기가 많이 전해진다. 베토벤(Ludwig van Beethoven) 역시 처음 오스트리아 빈에 도착했을 때 놀라운 피아노 즉흥 연주로 이름을 떨쳤다. 작곡가로 인정받은 건 그 후의 일이었다. 그의 즉흥 연주를 지켜본 두 관객의 기록이 남아 있다.

베토벤의 즉흥 연주는 지금껏 내가 경험한 것 중 가장 생생한 음악적 감동이었다. 그의 연주가 얼마나 편안하면서도 탁월한지는 직접 들어보지 않고는 그 천재성을 결코 완전히 이해할 수 없으리라. … 격렬히 몰아치는 영감에 휩쓸려 전혀 생각지 못한 아름다운 곡조와 화음이 쏟아졌다. 이는 펜을 들고 오선지에 작곡할 때처럼 어떤 효과를 끌어

내고자 하는 의도 없이 오로지 음악적 감정에 몰입한 결과
물이었기에 가능했을 것이다.[7]

그는 청중을 감동시키는 법을 알고 있었다. 청중 중에 눈
물을 흘리지 않는 사람이 하나도 없었고 심지어 큰 소리로
흐느껴 우는 사람도 있었다. 그의 음악에는 아름다움과 독
창성, 그리고 그것을 다정하게 표현해 내는 기술을 넘어선
마법과도 같은 무언가가 있었다. 이런 즉흥 연주를 마치고
나서 그는 껄껄 웃곤 했다.[8]

안타깝게도 당시에는 녹음기가 없었다. 따라서 자신의 음악
을 보존하고 싶은 예술가들은 악기만큼이나 펜을 능숙하게 다뤄
야 했다. 모차르트는 펜과 종이로 즉흥 연주를 해내는 데 있어서
가장 뛰어난 음악가였다. 그는 그 자리에서 바로 곡을 써 내려가
곤 했는데, 펜이 가는 속도대로 음악이 만들어졌고 악보에는 거
의 고칠 데가 없었다. 이와 대조적으로 베토벤은 자신이 원하는
음을 머릿속에 몇 년이고 담아 두었다가, 틀을 잡고 수정하고 지
우고 다시 쓰고 다듬는 고되고 힘든 과정을 거치고서야 종이에
옮길 수 있었다. 그가 남긴 노트는 방대하고 알아보기 힘들 정도
로 복잡하지만, 이를 통해 우리는 그의 음악적 사고가 어떻게 진
화했는지 단계별로 추적할 수 있다.

19세기에 정식 콘서트홀이 등장하면서 즉흥 연주의 시대는

서서히 막을 내렸다. 산업 사회는 모든 분야에서 지나칠 정도로 전문화를 강조했다. 결국 대부분 음악가는 신비롭고 신성한 창작 작업을 할 수 있는 소수의 작곡가가 쓴 악보대로 연주하는 데 그쳐야 했다. 작곡과 연주는 점차 분리되었고, 이는 둘 모두에게 좋지 않은 영향을 미쳤다. 새 시대의 음악과 과거의 음악이 단절되었다. 훌륭한 작곡가는 죽은 작곡가라고 여기게 된 시대가 도래한 것이다.

20세기에 즉흥 연주는 특히 재즈 장르에서 부활했다. 세기 말에는 인도 음악 등 즉흥 연주 전통을 가진 지역의 음악이 이목을 끌면서 음악가들이 즉각적인 창작의 즐거움을 다시금 알게 했다. 주제나 정해진 스타일 내에서 즉흥적으로 연주하는 형태를 넘어 자유로운 즉흥 연주와 개인적인 스타일을 새롭게 만들어 내는 음악 작업이 등장했다. 오늘날에는 음악가들이 함께 즉흥 실내악 연주를 하는 경우도 많다.

음악 외의 다른 예술 분야에서도 즉흥적인 창조가 유의미한 작업 방식으로서 급부상했다. 특히 연극과 무용이 그렇다. 즉흥적인 창조는 스튜디오에서 새로운 작품을 고안하는 기법뿐 아니라 관객 앞에 선보이는 완전히 즉각적이면서도 완성된 공연 자체가 되기도 한다. 시각 예술에서도 무의식적인 생각의 흐름에 따라 그림을 그리는 오토마티즘(automatism)의 전통이 이어졌다. 바실리 칸딘스키(Wassily Kandinsky), 이브 탕기(Yves Tanguy), 호안 미로(Joan Miró), 고든 온슬로 포드(Gordon Onslow-Ford) 등의 화가들은 작품의 주제를 미리 정하지 않고 무의식적이고 즉각적인 직관에 따라 캔버스에 색과 형태를 채워 나갔다.[9] 칸딘스키는 20세기 미술의 토대가 된 '즉흥' 연작을 선보이며, 이를 그때그때 변하는 자신의 영적 상태를 따라가며 그린 작품이라고 밝혔다.

이 모든 즉흥 작업에는 창조적 신비의 본질이라고 할 수 있는 공통점이 있다. 무의식에서 나오는 원재료를 가지고 그리고 쓰고 칠하고 연주하며 의식에 따라 자유로운 놀이를 펼친다는 점이다. 이러한 놀이에는 어느 정도의 위험 부담이 따른다.

오선지의 음표를 멋지고 능숙하게 연주해 내는 음악가는 많다. 하지만 이들은 음표가 처음에 어떻게 그 자리에 그려지게 되었는지 이해하지 못한다. 음표 없이 연주하는 건 엄두도 내지 못한다. 여기서 음악 이론은 도움이 되지 않는다. 이론은 문법 규칙을 알려 줄 뿐 내용을 다루지는 않기 때문이다. 누군가 나에게 어떻게 즉흥 연주를 하는지 질문할 때 내 대답에서 음악 이야기가 차지하는 비중은 아주 적다. 진짜 이야기는 즉각적인 표현에 관한 것이다. 이는 특정 예술 형태의 기법에 관한 이야기라기보다 영적이고 심리적인 이야기다.

예술의 형태마다 세부적인 내용은 다르다. 바이올린 연주법, 인도 음악 라가의 즉흥 연주법, 영어 에세이 쓰는 법, 영화 제작하는 법, 무언가를 가르치는 법은 모두 다르기 마련이다. 악기나 매체마다 고유한 표현 언어와 방식이 있다. 하지만 일종의 메타 학습, 즉 스타일과 형식을 넘나드는 메타 행위의 차원도 분명히 존재한다. 바로 그것이 이 책에서 본격적으로 다루고자 하는 이야기다. 특정 분야에만 적용되는 원칙이 있는 반면, 모든 분야의 창조적 작업에 적용되는 원칙도 있다. 같은 활동이 예술일 수도 있고 기술일 수도 있고 고된 노동일 수도 있다.

어떻게 하면 즉흥적으로 작업하는 법을 배울 수 있을까? 그것이 가능한 예술이 있을까? 예술이 아닌 다른 분야에서도 가능한 일일까? 어쩌면 이는 모순된 말처럼 들린다. 누군가에게 "자연스럽게 하세요!"라고 말하거나 그런 요구를 받는다고 생각해 보라. 우리는 음악, 무용, 글쓰기를 배우면서 선생님의 비판과 제안을 받아들이는데 사실 그 모든 비판과 제안의 밑바탕에는 '자연스럽'고 '창조적'으로 해 보라는 요구가 들어 있다. 물론 말처럼 쉽지 않다.

어떻게 하면 즉흥적으로 작업하는 법을 배울 수 있을까? 이 질문을 다음과 같이 조금 바꿔 보면 답을 찾을 수 있다. 무엇이 우리의 즉흥성을 가로막고 있을까? 즉흥적인 창조 작업은 내면의 깊은 곳, 있는 그대로의 순수한 자신에서 비롯된다. 표현해야 할 것은 이미 우리 안에 존재한다. 즉 창조 작업은 무언가를 만들어 내는 일이 아닌 자연스러운 흐름을 방해하는 장애물을 걸어 내는 일이다.

창조 과정에 관해 이야기할 때는 그것과 반대되는 것들을 빼놓고 이야기할 수 없다. 이를테면 끈적거리고 기분 나쁘게 딱 달라붙어 있는 장벽, 어딘가에 갇힌 듯 견딜 수 없는 느낌, 아무

할 말이 없는 상태와 같은 것들 말이다. 이 책이 그런 장벽을 깨부수는 역할을 해 주길 기대하는 사람이 있을 테지만 이는 아주 미묘한 과정이다. '장벽을 깨부수는 7단계 방법' 같은 누구나 따라 할 수 있는 쉬운 설명서가 있다면 좋겠지만, 아쉽게도 창조 작업은 그런 식으로 이루어지지 않는다. 복잡함에서 벗어나는 유일한 길은 그 복잡함을 뚫고 나가는 것이다. 궁극적으로 나에게 도움이 되는 방법은 자기 스스로 만들어 낼 수밖에 없다.

창조 과정 자체에 대해서도 단정 지어 말하기 힘들다. 사람마다 성격이 다르듯이 창조 과정도 저마다 다르기 때문이다. 자아를 표현하려고 안간힘을 쓰다 보면 여러 개의 자아가 표출될 수 있다. 우리는 각자 이러한 본질적인 수수께끼 안으로 뛰어들어 자신만의 길을 찾아야 한다.

우리에게는 창조할 권리, 자아를 실현하고 충족시킬 권리가 있다. 모든 사람이 아무 계획 없이 청중 앞에 서서 뮤즈가 나타나 주길 기대하며 즉흥적인 창조를 시도하는 건 아니다. 하지만 많은 이들이 비슷한 처지에 놓여 있다.

악기를 마스터하고 싶은 사람, 그림으로 자신을 표현하고 싶은 사람, 내면의 이야기를 소설로 쓰고 싶은 사람이 있을 수 있다. 학교에 있으면서 독창적인 논문 한 편을 쓰고 싶을 수도 있고, 혁신적인 계획을 세우고 실천해서 사업의 돌파구를 찾으려 할 수도 있다. 내담자를 어떻게 다뤄야 할지 고민하는 상담치료사, 사람들이 주변에서 일어나는 일에 관심을 갖게 만드는 더 진정성 있는 방법을 모색하는 정치 활동가가 있을 수 있다. 급격히 팽창하는 도시를 관리할 새로운 방법을 창조하려면 어떻게 해야 할까? 의견이 상충하는 국내 문제, 나아가 세계의 문제를 해결할 수 있는 법을 제정할 방법은 없을까? 어떻게 하면 남편이나 아내, 연인과의 새로운 대화법을 생각해 낼 수 있을까?

창조성에 관한 책을 보면 돌파구를 찾은 경험담으로 가득하다. 이런 순간은 머뭇거림이나 두려움에서 벗어나 갑자기 영감이 솟구칠 때 찾아온다. 예측할 수 없는 무언가가 튀어나오면서 힘, 자유, 명료함이 느껴진다. 나에게 마음을 깊이 파고드는 놀라운 경험을 안겨 준 '선(禪)'에 관한 책을 보면 견성(見性)과 깨달음, 즉 마음의 완전한 변화의 순간에 대한 이야기가 자주 등장한다. 인생에는 단순히 문을 박차고 여는 순간이 존재한다. 하지만 이는 궁극적인 돌파구가 아니다. 창조적인 삶에서 발견하는 돌파구는 다음 돌파구로 끝없이 이어지기 때문이다. 영혼에 닿기 위한 여정이라는 점에서 이 길에는 종착점이 없다.

음악은 내게 듣는 법을 가르쳐 주었다. 내가 만들어 내는 소리만이 아니라 내가 누구인지도 귀 기울여 듣게 했다. 나는 다소 난해하고 신비주의적인 전통 가운데 상당수가 실제로 예술 창조와 관련이 있음을 발견했다. 여기서 '신비주의'란 모호한 신념 체계나 진실을 호도하는 속임수가 아닌 영적 경험을 의미한다. 개인적인 영적 경험은 종교 활동에서 성서나 영적 스승을 통해 체험하는 간접 경험과는 다르다. 신비주의는 종교에 창조성을 불어넣는다. 신비주의적 태도는 예술, 과학, 일상생활의 지평을 확장하고 구체화한다. 그저 '신'이라고 여겨지는 존재의 말을 믿을 것인가, 아니면 직접 영적 경험을 해 봄으로써 무엇이 진실인지 알아볼 것인가?

우리의 주제는 본질적으로 수수께끼다. 언어로는 완전히 표현할 수 없다. 언어 이전의 영적인 차원의 문제이기 때문이다. 본래 평평한 종이에 놓인 단순한 문제가 아니기에 선형적인 조직의 관점에서는 결코 이 주제를 온전히 다룰 수 없다. 창조 과정을 살펴보는 일은 크리스털 결정체를 들여다보는 것과 같다. 어느 한 면을 보아도 다른 모든 면이 반사되어 비친다. 이 책에서 우리는 여러 측면에서 창조 과정을 살펴보고 다시 다양한 각도로 바라봄으로써 그것을 더욱 깊고 완전하게 이해할 것이다. 이렇듯 서로를 비추며 창조를 가능하게 하는 전제조건은 유희, 사랑, 집중, 연습, 기술, 한계와 실수의 힘 활용, 위험, 포기, 인내, 용기, 신뢰다.

창조성은 대립하는 긴장이 이루어 내는 조화다. 이는 처음에 언급한 릴라, 즉 신성한 놀이라는 개념 안에 함축되어 있다. 우리는 나름의 창조적 과정을 거치면서 양극단의 긴장을 모두 붙잡고 있어야 한다. 놀이를 놓치면 지루하고 딱딱한 결과물이 나온다. 신성함을 놓치면 우리가 발 딛고 서 있는 이 땅과의 연결성을 잃게 된다.

창조 과정에 대한 지식이 창조성을 대신하지는 못하지만,

도전이 두렵고 즉흥적인 작업에 큰 장벽이 있는 것처럼 여겨질 때 포기하지 않고 버티는 데 도움이 된다. 피할 수 없는 시련과 좌절이 창조 과정에 자연스레 수반되는 단계임을 안다면, 앞에 놓인 장애물이 곧 장식품이 될 수 있음을 안다면, 이를 견뎌 냄으로써 원하는 대로 결실을 맺을 수 있다. 인내는 험난한 시험이 될 수 있지만 잘 헤쳐 나갈 길이 있고 이정표가 있다. 평생에 걸친 노력에는 그만한 가치가 있다. 믿기 힘들 만큼 큰 즐거움과 기쁨을 가져다주기 때문이다. 우리의 모든 시도는 불완전하지만, 그 불완전한 시도 하나하나는 세상 그 무엇과도 비교할 수 없는 기쁨의 씨앗이다.

창조 과정은 영적인 여정이다. 우리 자신에 대한, 내면 깊은 곳에 있는 자아와 우리 모두의 안에 있는 작곡가에 대한, 완전히 새로운 것이 아닌 자신의 고유함과 충만함을 드러내는 독창성에 대한 답을 찾아가는 길이다.

1부

영감은
어디에서
오는가

모든 순간이 자유로운 놀이가 될 때

기쁨에 얽매이는 자

삶의 날개를 부러뜨리고

날아가는 기쁨에 입 맞추는 자

영원의 해가 떠오르는 곳에서 살아가네.

— 윌리엄 블레이크(시인·화가)[10]

즉흥 작업이라고 하면 흔히 음악, 연극, 무용을 먼저 떠올린다. 하지만 이런 예술 형식은 단순한 즐거움을 넘어 일상적인 삶 전반을 경험하기 위한 관문이다. 우리는 모두 즉흥 연주자다. 가장 흔한 형태의 즉흥 작업은 일상에서의 대화다. 우리는 말하고 들을 때 일련의 구성 요소(어휘)를 규칙(문법)에 따라 사용한다. 어휘와 문법은 우리가 속한 문화로부터 온 것이다. 하지만 이로써 우리가 만들어 내는 문장은 이전에도 없었고 앞으로도 없을 고유한 것이다. 이 점에서 모든 대화는 재즈 연주와 같다. 즉각적으로 일어나는 이 창조 활동은 마치 숨 쉬는 일만큼이나 우리에게 익숙하다.

순수 예술을 창조하든 집에서 요리를 하든, 미리 정해진 각본이나 레시피가 아닌 시간의 흐름과 그에 따라 변화하는 의식의 흐름대로 움직이고 있다면 즉흥 작업을 하고 있는 셈이다.

예술에서 시간은 일반적으로 두 종류로 나뉜다. 하나는 아름다움이나 진실에 대한 직관이 떠오르는 영감의 순간이고, 다른 하나는 이를 종이나 캔버스, 필름이나 돌에 옮기기까지 오래도록 붙들고 애쓰는 고통의 시간이다. 소설가가 새 작품을 구상할 때 집필 동기와 의미, 목적에 대한 영감이 떠오르는 건 찰나일 수 있지만 실제 글로 옮기기까지는 수년이 걸리기도 한다. 그동안 작가는 떠오른 영감을 따끈따끈하고 명료한 상태로 유지해야 할 뿐 아니라 먹고, 살고, 피로움을 느끼고, 돈을 벌고, 즐기고, 친구를 사귀는 등 인간이 해야 할 모든 일상적인 일을 해야 한다. 음악이나 연극의 경우에는 영감을 받는 순간과 이를 옮기는 시간 외에 실제 공연이라는 세 번째 시간도 존재한다. 어떤 음악은 작곡가가 죽을 때까지 연주되지 못하기도 한다.

하지만 즉흥 작업에는 하나의 시간만이 존재한다. 컴퓨터 전문가들이 실시간이라고 부르는 시간이 그것이다. 영감의 시간, 음악을 기술적으로 구조화하고 실현하는 시간, 연주하는 시간, 청중과 소통하는 시간, 실제로 시계가 가리키는 시간까지 모두 하나다. 과거의 기억, 미래의 의도, 현재의 직관이 모두 뒤섞인다.

전원이 켜진 다리미처럼 기억, 의도, 직관이 불이 켜진 상태로 계속해서 연결되는 것이다.

순간 번쩍하고 찾아오는 영감은 즐겁고 활력을 불어넣는 경험이자 일생의 작품을 만들어 낼 수 있는 원천이다. 한 줄의 시가 탄생하는 순간에는 놀라운 에너지, 일관성과 명료성, 벅찬 행복감과 기쁨이 함께 따라온다. 그 순간 아름다움이 손에 잡힐 듯 생생해진다. 몸은 강하고 가볍게 느껴진다. 마음은 세상을 여기저기 둥둥 떠다니는 듯하다. 이를 두고 에밀리 디킨슨(Emily Dickinson)은 "시간 바깥에 시가 있다"라고 말했다. 즉흥 작업 또한 '시간의 바깥' 내지 '시간으로부터 떨어진' 즉시의 지점에 있다.

하지만 이런 아름다운 감정만으로는 부족하다. 다른 아름다움이나 기쁨과 마찬가지로 이 또한 한순간 찾아왔다가 다음 순간 사라져 버릴 수 있기 때문이다. 유형(有形)의 예술 작품을 남기거나 즉흥 작업으로 이어지려면 창조적 영감이 얼마간 지속되어야 한다. 영감이 떠오르는 순간 느껴지는 성취감과 연결감을 위해서만 예술을 한다면 절정의 순간만을 위해 사랑하는 것과 다를 바가 없다.

즉흥 작업자는 순간적인 번뜩임을 확장해서 그것이 일상의 활동 안에 버무려지게 해야 한다. 그러면 평소의 마음이나 일상 활동에서 창조성과 즉흥적으로 펼치는 자유로운 놀이를 경험할 수 있다. 이처럼 놀이를 경험하는 순간이 멈추지 않고 이어지게 하는 것이 우리의 목표다. 비록 시시때때로 우리를 가로막는 방해 요소들이 있는 현실에서 완전히 달성하기는 어려운 목표일지라도 말이다.

흔히 영감의 순간이라고 하면 떠올리는 반짝임과 깊이, 복잡함 속의 단순함과 같은 특징을 '나무하고 물 긷는' 매일의 평범한 활동에 가져올 수 있다고 말하는 많은 영적 전통의 가르침 또한 이와 같은 맥락이다. 일상이 영감의 순간이 되면 발리족 사람들이 말하듯 '특별한 예술이란 없고 내가 하는 모든 일이 예술'이 되는 상태에 이르게 된다. 그러면 미리 쓰인 각본이나 경직된 기대에 얽매이지 않고 세상을 능동적으로 살아갈 수 있다. 결과에 집착하지 않고 행동할 수 있다. 행동이 곧 결과이기 때문이다.

직관이 이끄는 대로 이국의 도시를 돌아다니는 일은 검증된 관광 코스를 다니는 것보다 훨씬 만족감이 크다. 이런 자유 여행은 무작정 떠돌아다니는 것과는 완전히 다르다. 눈과 귀를 열어 좋은 것과 싫은 것, 의식적이거나 무의식적인 욕구와 자극, 육감 등이 어느 길로 가야 할지 안내하도록 내버려두는 일이다. 혼자만의 방법으로 도시를 가로지르며 걷다 보면 나를 위해 준비된 놀라움과 마주하게 된다. 놀라운 사람들과 만나 대화를 나누고 친구가 되기도 한다. 이런 식의 여행은 자유롭다. 해야 할 것과 봐야 할 것이 없다. 정해진 건 오직 하나, 비행기 출발 일정뿐이다. 사람과 장소를 알아 가면서 이 여행은 마치 즉흥 연주처럼 내면의 구조와 리듬을 드러낸다. 이로써 운명적인 만남을 위한 무대가 마련된다.

살다 보면 불필요하게 미래를 계획하고 각본을 준비하는 경우가 있다. 특히 인간관계에서 오가는 말은 마음에서 우러나오는 진심이 아니면 엉키고 틀어져 버린다. 정치 연설이 사기로 여겨지는 이유가 여기에 있다. 아무리 훌륭한 연설문이라도 연사가 준비된 원고를 읽고 있다면 어쩐지 듣기 거북해지기 마련이다. 대중 앞에서 연설할 때는 어떤 말을 할지 미리 계획하는 것도 좋지만, 일단 연단에 섰으면 머릿속의 계획을 던져 버리고 실시간으로 눈앞에 있는 사람과 소통해야 한다.

많은 학교에서 언제, 어떻게, 무엇을 가르칠지 명시된 교안(敎案)에 따라 학생들을 가르친다. 하지만 유치원이든 대학원이든 사회든, 실제 배움의 장에는 서로 다른 요구와 지식을 가진 사람들이 모여 있다. 그래서 이 사람의 관점을 바꾸려면 어떤 방법을 써야 할지, 오늘 토론을 마치고 나면 다음 단계로 자연스럽게 이어지는 흐름에 따라 어떤 읽기 과제를 내는 것이 좋을지 미리 계획할 수 없다. 학생마다, 반마다, 매 순간 다르게 접근해야 한다. 학생이 어떤 성향의 사람인지, 학생의 강점과 약점이 무엇인지, 어떻게 상호작용하는지 모른 채로 계획을 세우면 오히려 학습을 방해할 수 있다. 교사가 펼치는 예술은 학생과 지식이라는 실체를 실시간으로 연결하는 일이다.

물론 각본에 따르는 게 적합할 때도 있다. 즉흥 연주회를 열 때 무엇을 어떻게 연주할지는 그 순간의 느낌에 맡기겠지만, 토요일 밤 8시 30분에 연주회를 시작하겠다고 발표를 하고 청중들이 모였다면 무슨 일이 있어도 그 시간 전에 연주 준비를 마쳐야 한다. 더욱이 연주회가 열리는 장소가 외국이라면 즉흥적으로 항공 스케줄을 짤 수는 없는 노릇이다.

의사인 친구가 즉흥적으로 나오는 창조력이 자기처럼 실용적이고 과학적인 일을 하는 사람과 무슨 관련이 있느냐고 물은 적이 있다. 나는 의학이 가진 예술적인 측면이 무엇일지 되물었다. 그는 의대생 시절에는 그저 교과서에 나온 대로 하거나 교수의 지시에 따라 환자를 증상별로 분류하지만, 실제 진료를 하게 되면 환자 한 명 한 명을 고유한 존재로 보게 된다고 말했다.

이는 어떤 의미에서 지금까지 배운 것을 내려놓는 일일 수 있다. 임상 사례에 몰입해 상황에 따라 결정해야 하기 때문이다. 물론 배운 내용을 잘 활용하고 참고하며 그것에 바탕을 두겠지만, 그 지식에 매몰되어 실제 눈앞에 있는 환자에게 맞는 정확한 진단을 내리는 데 방해가 되지 않아야 한다. 이렇게 의사는 단순히 숙련된 기술이 아닌 존재감을 구현하는 단계로 나아간다. 예술적인 성취를 이루려면 먼저 기술을 습득해야 하지만, 창조란 기술에 매여 있기보다 그것을 넘어설 때 가능하다.

순간과 현재에 충실하려면 끊임없이 내려놓아야 한다. 내려놓음으로써 즐거움을 얻을 수도 있지만, 한편으로 이는 자신의 기대와 어느 정도의 통제력을 내려놓고 안정성이 보장된 나만의 세상에서 나와야 한다는 뜻이기도 하다. 사전 계획과 일정 관리가 중요하지 않다는 건 아니다. 다만 그 목적이 미래를 틀에 가두기 위함이 아닌 자신을 다스리기 위함이어야 한다. 계획을 세울 때는 자신이 마주할 상황에 주의를 집중하고, 그런 다음 계획은 풀어 놓고 시간의 흐름에 따라 현실을 발견해야 한다. 그래야만 계획이 가져다주는 안정성과 즉흥성을 모두 생생하게 경험할 수 있다.

즉흥 연주 음악가로서 내가 하는 일은 음악도 창조 작업도 아니다. 나는 내려놓는 연습을 하는 사람이다. 즉흥 작업은 일시성과 영원성을 한 호흡에 받아들이는 일이다. 내일 혹은 1분 뒤에 어떤 일이 일어날지 예상할 수 있지만 정확히 어떤 일이 어떻게 벌어질지는 알 수 없다. 미래의 상황에 대한 확신이 클수록 미래를 틀 안에 고정하고 예상 밖의 사건으로부터 스스로를 격리한다. 내려놓음이란 모름에 대해 편안한 태도를 갖는 것, 언제나 놀랍고 새로운 순간의 수수께끼를 받아들임을 의미한다.

1960년대 이후 '현존하기'라는 심리학적 주제가 많은 사람이 관심을 갖는 화두가 되었다. 현존이 자아실현의 열쇠로 여겨지면서 수많은 학자와 지도자들이 이에 관한 명언을 남겼다. 낭만적 사랑에서 양자역학에 이르기까지, 삶의 전 영역에서 이런 사고(思考)가 등장했던 것을 보면 현존이 우리 시대에 얼마나 중요한 주제였는지 알 수 있다.

우리가 경험을 통해 알 수 있는 사실은 내일 혹은 1분 뒤에 어떤 일이 벌어질지 알 수 없다는 것이다. 숨 쉬는 매 순간 뜻밖의 사건들이 우리를 기다리고 있다. 미래는 광활하고 끊임없이 다시 생겨나는 수수께끼다. 오래 살고 많이 알수록 수수께끼는 더 커진다. 선입견을 벗어던질 때 비로소 우리는 눈앞에서 벌어지는 모든 상황, 즉 현재 순간과 현재의 마음으로 나아가 오롯이 지금 이 순간에 존재할 수 있다. 즉흥성이 가르치고 강화하는 마음 상태가 바로 이것이다. 이런 마음 상태에서는 '지금 여기'가 단지 일시적인 유행어가 아닌 진정한 삶과 죽음의 문제가 된다. 이로써 우리는 끊임없이 놀라움을 선사하는 세상에 몸을 맡기고, 끊임없는 창조의 순간으로 들어간다.

훌륭한 재즈 연주자들은 갑자기 연주가 막힐 때를 위한 다양한 대비책을 마련해 둔다. 하지만 즉흥 연주자가 되려면 이런 대비책은 모두 던져 버리고 위험에 당당히 맞서야 한다. 때로는 완전히 망할 수도 있다. 사실 관객들이 가장 좋아하는 건 멋지게 밀고 나갔다가 넘어지는 당신의 모습이다. 그러고 나서 그들은 당신이 어떻게 다시 일어나 상황을 헤쳐 나갈지를 지켜본다.

창조적인 삶은 위험으로 가득하다. 부모나 친구, 사회가 정해 놓은 길 대신 자신만의 길을 선택하려면 전통과 자유 사이의 미묘한 균형을 맞춰야 한다. 자신의 원칙과 신념을 고수하면서도 변화를 포용할 준비가 되어 있어야 한다. 한편으로는 평범한 삶을 살면서, 다른 한편으로는 새로운 영역에 도전하면서 마음속 욕구를 억제하는 틀을 깨고 나와 인생을 창조하는 개척자가 될 수 있다. 준비된 '안전장치' 없이 순간순간 존재하고 행동하고 창조하는 일은 최고의 놀이가 될 수도 있고 정반대의 두려운 경험이 될 수도 있다. 미지의 세계에 발을 들이면 기쁨, 시(詩), 발명, 유머, 평생의 우정, 자아실현, 위대한 창조적 돌파구를 만날 수 있다. 그러나 동시에 실패, 실망, 거부, 질병 또는 죽음으로 이어질 수도 있다.

창조 작업을 하면서 우리는 삶의 무상함과 인간 존재의 유한함을 알아차리고 마주한다. 모차르트의 후기 음악을 들어 보면 경쾌함, 활력, 투명함, 유머가 느껴지는 동시에 곡을 관통하는 유령의 숨결이 느껴진다. 그만큼 모차르트에게 삶과 죽음은 가까웠다. 그를 위대한 예술가로 만든 것은 삶과 죽음이라는 두 가지 근본적인 힘이 만나 뿜어내는 완벽함과 강렬함, 그리고 그 힘들을 자유롭게 다룰 줄 아는 능력이었다.

매 순간은 너무 짧고 다시 반복하거나 되돌리거나 붙잡을 수 없기에 소중하다. 우리는 소중한 것을 간직하거나 지켜야 한다고 생각한다.

〈접시 돌리는 포대화상〉,
하쿠인 에카쿠

특히 공연 예술에서는 아름답고 훌륭한 공연을 녹음하거나 녹화해서 보존하려고 한다. 실제로 수많은 멋진 공연이 기록되었다.

아름다운 공연을 보존할 수 있다는 건 기쁜 일이다. 하지만 나는 최고의 공연이란 항상 카메라, 녹음기, 펜이 없는 곳에서 이루어진다고 생각한다. 한밤중에 음악가가 소중한 친구를 위해 달빛 아래서 곡을 연주할 때, 연주회를 앞두고 마지막 리허설을 할 때처럼 말이다. 그 순간이 지나고 나면 사라져 버리는 즉흥 연주는 키스, 일몰, 농담 등 삶의 모든 순간이 얼마나 소중한지 깨닫게 해 준다. 똑같이 반복되는 것은 아무것도 없다. 우주의 역사에서 모든 순간은 단 한 번 일어날 뿐이다.

나를 잊으면 우주가 된다

당신의 몸을 통해 실현되는 활력, 생명력, 에너지, 생동감이 있다.
모든 시간 안에 당신은 하나뿐이고 따라서 당신의 표현 또한 고유하다.
그것을 막는다면 그 에너지는 어떤 것으로도 표현되지 못한 채 사라져 버린다.

– 마사 그레이엄(무용가)[11]

우리가 연주하는 음악, 선보이는 춤, 그림, 삶의 이야기 하나하나에 우리의 생각이 있는 그대로 반영된다. 불완전한 본모습이 온전히 드러나는 것이다. 즉흥 작업에서는 이와 같은 자아 반영적 특성이 더욱 두드러지게 나타난다. 시간을 되돌릴 수 없으므로 지우거나 편집하거나 바로잡거나 후회할 일이 없다.

이런 점에서 즉흥 음악은 서예나 수묵화의 선(禪) 예술과 닮았다. 얇고 찢어지기 쉬운 종이 위에 물기 가득한 먹물이 묻은 붓을 대는 순간, 작은 점이나 선 하나도 지우거나 되돌릴 수 없다. 서예가는 공간을 시간처럼 다루어야 한다. 배에서 어깨, 손, 붓, 종이로 한 호흡에 이어 가는 움직임이 처음이자 마지막인 흔적을 남기고 종이에 고유한 순간을 남긴다. 그 안에 담긴, 누구나 볼 수 있도록 드러낸 독특함과 불완전함은 서예가 본연의 특성이다. 몸·말·마음·동작에서 드러나는 미묘한 차이, 즉 우리가 스타일이라고 부르는 것은 자아가 움직이고 자신을 드러내는 매개체다.

이것이 스타일의 본질이다. 우리 내면에는 자신에 대한 무언가가 있다. 여러 가지 이름으로 부를 수 있지만, 지금은 그것을 고유한 본성이라고 하자. 사람은 각자 고유한 본성을 지니고 태어난다. 그런데 성장하는 과정에서 문화, 가족, 물리적 환경, 일상에서 맡은 일의 영향으로 습관과 패턴이 생겨나고 거기에 맞춰 삶을 살아간다. 살면서 배운 것이 '현실'로 굳어진다.

우리가 세상에 보여 주는 가면인 페르소나는 유아기부터 성인이 될 때까지 단계적으로 거치는 경험과 훈련을 통해 만들어진다. 우리는 지각, 학습, 기대라는 행동을 통해 자신의 세계를 구축해 나가며 '자아' 역시 같은 길을 따라 형성된다. 이렇듯 세계와 자아는 단계별·형태별로 서로 맞물리고 맞춰진다. 세계와 자아라는 두 구조물이 잘 섞이고 나면 우리는 아이에서 어른으로 성장하여 '정상적으로 적응한 사회구성원'이 된다. 만약 이 둘이 제대로 섞이지 못하면 내적 분열, 고독, 소외감을 느낄 수 있다.

우리가 선택한 일이 무엇이든 간에 그것은 당대의 스타일, 세대의 옷차림, 문화와 언어, 주변 환경, 우리에게 영향을 준 사람들로부터 어느 정도 영향을 받는다. 하지만 어른이 되어 세상에 '적응'한 후에도 필체, 목소리, 악기를 다루는 방식, 말하는 방식,

시선, 손가락의 지문 등에서 우리가 타고난 고유한 본성이 그대로 드러난다. 이 모든 것들은 내면 깊숙한 곳에 새겨진 우리의 스타일과 성격을 반영한다.

사람들은 종종 즉흥 작업에서 '그냥 아무렇게' 할 수 있다고 생각한다. 하지만 의식적인 계획이 없다고 해서 그 작업이 무작위적이거나 임의적이라는 뜻은 아니다. 즉흥 작업에도 항상 규칙이 있다. 단지 사전에 정해진 규칙이 아닐 뿐이다. 작업자가 자신의 개성에 충실할 때, 사실 그는 매우 복잡한 설계를 따른다. 이런 종류의 자유는 '그냥 아무렇게'와는 정반대이다. 자기 안에 내재된 규칙을 따르기 때문이다. 살아 있는 존재로서 패턴을 가진 우리는 무작위로 무언가를 만들어 낼 수 없다. 심지어 컴퓨터가 무작위로 숫자를 생성하도록 프로그래밍할 수도 없다. 우리가 할 수 있는 최선은 무작위라는 착각을 불러일으킬 만큼 복잡한 패턴을 만드는 것뿐이다.

인간의 몸과 마음은 수억 년에 걸쳐 진화한 자연 유기체만이 가능한 고도로 조직화되고 구조화된 상태로 긴밀히 연결되어 있다. 즉흥 작업자는 무형의 진공 상태에서 작업하는 것이 아니라 30억 년이라는 진화의 시간, 내면 깊이 새겨진 그 시간을 바탕으로 한다. 그 방대한 역사를 넘어 우리는 자아와의 대화, 즉 과거만이 아니라 미래·환경·내면의 신(神)과의 대화를 통해 더 많은 것을 끌어낼 수 있다. 연주하고, 글 쓰고, 말하고, 그림 그리고, 춤추는 과정에서 무의식에 가려져 있던 내면의 논리가 드러나고

바흐의 악보(위)와 베토벤의 악보(아래)

소재를 만들기 시작한다. 이토록 풍부하고 심오한 정형화 작업은 우리 존재와 행동에 새겨진 각인과도 같은 고유한 본성이다.

걷거나 춤추거나 가만히 앉아 있거나 글을 쓰는 방식을 보면 그 사람의 성격을 알 수 있다. 베토벤이 악보에 남긴 거칠게 휘갈겨 쓴 필체는 그의 반항 정신과 진실성을 여실히 보여 준다. 반면 바흐가 악보에 남긴 깔끔한 필체는 그의 명료하고 둥근 성격을 보여 준다. 스타일과 개성은 작은 흔적 하나에도 잘 나타난다. 스타일은 개인뿐만 아니라 개인을 초월한 차원의 위대한 열정을 표현하는 매개체이기 때문이다.

바흐와 동시대에 살았던 일본의 위대한 화가이자 선승인 하쿠인 에카쿠(白隱 慧鶴)와 그의 제자들이 힘차고 자유로운 붓놀림으로 표현한 작품들은 어떠한가. 특별히 기억나는 작품 중 하나는 종이 위에 단 한 번의 획으로 그려 낸 원상(圓相)으로 이는 마음과 현실의 초상화다. 단순해 보이는 이 원에는 눈에 보이는 것보다 많은 함의가 있다. 원상의 특성 즉 곡선의 변화와 굴곡, 무게감과 질감, 구불거림과 비뚤어짐은 당대의 스타일과 기법 그리고 겉모습을 뛰어넘어 훨씬 더 깊은 차원의 근원을 드러낸다.

거의 모든 영적 전통에서는 에고(ego)를 더 심층적이고 창조적인 큰 자아와 구별한다. 큰 자아는 초개인적이며 분리된 개성을 넘어 모두가 공유하는 공통된 기반이다. "예수는 규칙이 아닌 충동에 따라 미덕을 행했다." 윌리엄 블레이크가 남긴 흥미로운 말이다. 보통 미덕은 충동보다 규칙을 따를 때 얻어지며 충동적인 행동은 미개하고 광적이라고 생각한다. 하지만 예수가 관습적인 도덕과 미덕의 규칙을 따랐다면 그는 로마제국의 충성스러운 시민으로서 오래전에 늙어 죽었을 것이다.

충동은 즉흥성과 마찬가지로 '그냥 아무렇게'가 아니라 엄연히 존재하는 유기적이고 내재적이며 자기 창조적인 구조의 발현이다. 블레이크는 예수를 신을 대신해 인간의 몸으로 내려온 성육신(成肉身)으로 보았고, 다른 사람의 제한된 생각과 고정된 기대가 아닌 더 깊고 큰 자아에 따라 행동하는 존재로 보았다. 의식적 한계를 초월해 꿈, 예술, 놀이, 신화, 음악을 통해 충동적이고 즉흥적으로 자신을 표현하는 살아 있는 '우주'라고 생각했다.

단순한 원 하나로 작품을 만들어 내는 선(禪) 예술가들은 온 자아를 가장 단순한 행위에 집중시키는 재주가 있다. 즉흥적이고 단순한 원은 자아, 진화, 열정의 매개체다. 그것은 과거나 미래, 원인과 결과에 구애받지 않는 크고 간결한 신의 숨결이다. 피리 연주자의 이야기에서 알 수 있듯이 이는 결과를 내기 위해 공부하거나 복제할 수 있는 게 아니다. 하쿠인은 "자신을 잊으면 우주가 될 수 있다"라고 썼다.[12] 나를 해방하고 열어 주는 창조적 놀라움, 내려놓음이라는 수수께끼는 즉흥적으로 무언가가 솟아오르게 한다. 아무것도 감출 게 없는 투명한 상태가 되면 언어와 존재의 간격이 사라진다. 그 순간 뮤즈가 우리에게 말을 건넨다.

〈원상(圓相)〉, 도레이 엔지(東嶺 円慈)

내면에 흐르는 초월적 에너지

저 위 받침대에 기댄

미켈란젤로.

쥐처럼 사그락사그락 내는 소리

그의 손만이 앞뒤로 움직이네.

물 위의 소금쟁이처럼

그의 마음 고요 위를 떠다니네.

– 예이츠(시인)[13]

조각이란 표면의 필요 없는 부분을 깎아서 태초부터 돌 안에 묻혀 있던 조각상의 모습을 드러내고 해방하는 작업이라는 미켈란젤로의 조각론으로 돌아가 보자. 미켈란젤로는 인텔레토(intelleto), 즉 지성의 지도를 받아 작업한다고 말했다. 인텔레토는 단순히 지적 능력으로서의 지성이 아니라 표면 아래 감춰진 근본적인 것을 더 깊게 통찰하는 선지자적 지성이다. 이 이론 안에서 예술가는 고고학자처럼 작업하면서 더 깊은 지층을 발견하고,

고대 문명이 아닌 아직 태어나지 않은 것, 내면의 눈과 귀로만 보고 들을 수 있는 숨겨진 무언가를 찾아낸다. 그 과정에서 작업 대상의 표면과 함께 자아의 표면마저 걷어 냄으로써 자신의 고유한 본성을 드러낸다.

고대 도교에서는 명상 상태의 자아를 두고 '다듬어지지 않은 시간 덩어리'[14]라고 표현했다. 조각가에게 돌이 작업의 대상이라면 음악가에게는 시간이 작업 대상이다. 연주를 시작할 때마다 음악가는 다듬어지지 않은 시간 덩어리를 마주한다. 아무런 특징이 없어 보이는 이 공백 속에 바이올린 현을 대는 순간 시간이 조각되고 형태가 만들어진다. 고유한 순간에 잠재되어 있는 형상이 발견되어 드러나는 것이다.

즉흥 작업을 하는 와중에도 우리는 다양한 의식적인 행동을 한다. 예를 들어 '이 주제는 쭉 반복되어야 해', '여기 새로운 부분은 몇 분 전에 나온 부분과 합치는 게 낫겠어', '이건 너무 별로야 줄이거나 바꿔야겠어', '이 대목은 훌륭하니까 좀 더 키워 볼까', '이제 슬슬 끝이 가까워지는 느낌이네' 하며 끊임없이 자신에게 말을 건다. 새로운 패턴의 지속적인 흐름을 따라가면서 음악을 수정하고, 훈련하고, 세분화하고, 대칭을 이루게 하거나 보다 크고 작게 만들어 간다. 이런 작업 방식은 배우거나 익힐 수 있지만 그 안에 담긴 내용은 훈련으로 배울 수 없다. 본래 자리에 있는 그것은 오감이 아닌 '인텔레토'로 보고 듣고 느껴야 하는 것이기 때문이다.

그렇다면 우리에게서 끝없이 흘러나오는 음악, 춤, 이미지, 연기, 말의 정체는 무엇일까? 그것은 어느 정도까지는 의식의 흐름으로서 기억, 멜로디 마디마디, 감정, 향기, 분노, 지나간 사랑, 환상 같은 것들이다. 하지만 개인적인 차원을 넘어 아주 오래되고 동시에 아주 새로운 원천에서 나오는 무언가가 감지되기도 한다. 그것은 우리를 관통하여 흐르는 일종의 흐름, 헤라클레이토스(Herakleitos)가 말한 시간의 강 혹은 대도(大道)의 경지다. 신비로운 이 흐름에는 출발점도 도착점도 없다. 원천에서는 흐름이 나타나지도 사라지지도 않고 늘거나 줄어들지도 않으며 탁하지도 맑지도 않다. 이 흐름에 발을 들일지 말지는 우리의 선택이며, 때로는 자신도 모르게 발을 들이거나 뒤로 물러설 수 있다. 우리의 선택과 상관없이 흐름은 늘 그 자리에 있다.

세계 각지의 영적 전통을 보면 이 수수께끼 같은 액체에 대한 언급이 가득하다. 중국과 일본에서는 개인의 대도를 상징하는 기(氣)로, 인도에서는 쿤달리니(kundalini)와 프라나(prana)로, 폴리네시아에서는 마나(mana)로, 이로쿼이와 앨곤퀸 주민에게는 오렌다(orenda)와 마니투(manitu)로, 아프리카계 브라질 민족인 칸돔블레 종파에서는 악세(axé)로, 중동의 수피교에서는 바라카(báraka)로, 파리의 거리에서는 엘랑 비탈(élan vital)로 불리는 이것은 표현법은 달라도 하나의 공통적인 관점을 공유한다. 인간을 초월적인 힘이 흐르는 그릇 혹은 통로로 본다는 점이다. 이 힘은 다양한 수행과 훈련을 통해 강화할 수 있는 반면 방치, 잘못된 수행, 두려움으로 인해 흐름이 막혀 버리기도 한다. 선과 악 모두를 위해 쓰일 수 있고, 우리를 관통해 흐르지만 우리가 소유하지는 않는다. 또한 예술, 치료, 종교에서 핵심 요소로 다뤄진다.

1930년대 중반 첼로의 거장 파블로 카잘스(Pablo Casals)가 연주한 바흐의 무반주 첼로 모음곡을 들어 보면 소리가 나를 그대로 관통하는 느낌이 든다. 온몸이 폭풍우를 맞은 나뭇잎처럼 떨린다. 이 힘, 생명력을 무엇이라고 불러야 할까. 단순히 힘이나 에너지 같은 말로 표현하기에는 오해의 소지가 있다. 질량 곱하기 속도의 제곱과 같은 물리적 에너지, 신체가 음식에서 얻는 신진대사 에너지를 말하는 것이 아니기 때문이다.

음악가처럼 이런 흐름을 일상적으로 다루는 사람이라면 누구나 은유 말고는 이 현상을 표현할 방법이 없음을 안다. 무속인, 예술가, 치료사, 음악가들이 말하는 이 기운은 에너지의 파동에 의해 표현되고 전달되기는 하지만 힘이나 에너지가 아니다(음악이 음파의 진동으로 전달되는 것과 같다). 이것은 에너지의 차원이 아니라 정보의 차원, 유형의 차원으로 생각해야 한다.

지금 나는 창밖에 펼쳐진 바다와 새와 초목을 바라보며 자연의 모든 것이 한계에 맞서는 자유로운 놀이의 힘에서 비롯되었음을 깨닫는다. 그 한계는 내 앞에 있는 오렌지나무의 유전자 구조처럼 복잡미묘하며 오랜 세월에 걸쳐 이어진 것일 수 있다. 하지만 바다, 오렌지나무, 갈매기는 유기적으로 생겨나며 자기 구조화된 유형이다. 자기 구조화 활동은 발생하고, 천천히 변화하고, 갑자기 전환하고, 실수로부터 배우고, 주변 사람 및 환경과 상호작용한다. 자연에 내재된 이러한 창조적 과정을 어떤 사람들은 진화라고 부르고 또 다른 사람들은 창조라고 부른다. 시공간을 통해 끝없이 계속되는 유형의 흐름을 중국에서는 도(道)라고 한다.

전 세계의 신화를 살펴보면 창조주인 신이 물, 불, 달빛, 진흙 등 손에 잡히는 단순한 재료로 땅과 바다, 동물과 식물이 사는 세상, 인간 사회, 예술, 우주, 역사를 만들었다고 한다. 이러한 신의 창조 과정은 일과 놀이, 과정과 결과가 하나가 되는 아름다운 순간에 우리가 가진 창조 과정이 어떤 식으로 작동하는지를 잘 보여 주는 전형이다.

창조와 수용, 만들기와 느끼기는 공명하는 한 쌍으로서 서로 응답하며 결을 맞춘다. 돌 안에 잠재된 태고의 모습을 받아들인 미켈란젤로는 조각상을 만들지 않고 그것을 드러내 보였다. '배움이란 알고 있는 것을 기억해 내는 일'이라는 플라톤(Plato)의 사상을 의식적으로 받아들인 것이다. 플라톤은 대화편《메논(Meno)》에서 소크라테스(Socrates)가 올바른 질문을 던짐으로써 무지한 노예로부터 난해한 수학적, 철학적 지식을 끌어내는 과정을 보여 준다.

깊이 내재된 정보의 유형은 찾고자 하면 어디에서나 찾을 수 있다. 미켈란젤로의 청회색 대리석 덩어리뿐 아니라 우리와 상호작용하고 우리를 반영하는 모든 것에 홀로그램처럼 존재한다. 마치 지금 내가 글자와 단어들로 전하고자 하는 내용이 이 종이 한 장에 담겨 있는 것처럼 말이다.

조각상의 은유는 '인텔레토'가 고정적이거나 이상적인 본질을 들여다보는 일이라는 생각의 함정에 빠지지 않게 해 준다. 우리에게 필요한 지식은 무작위로 변하지 않으며 그 자체로 하나의 유형인 흐름, 즉 끊임없이 흐르는 역동적인 실재에 대한 인텔레토다. 사랑, 발명, 음악, 글쓰기, 사업, 운동, 명상 등 다양한 영역에서 영감을 경험할 때 우리는 늘 현존하면서 끊임없이 변화하는 세상의 깊은 구조에 대한 정보, 영원히 흐르는 도(道)에 발맞출 수 있다.

〈원상〉, 지운 온코(慈雲 飲光)

뮤즈는 어디에나 존재한다

이성적인 사람은 직관적 사고가 역방향으로 진행된다.
전제가 나오기도 전에 결론이 도출되는 것이다.
이는 전제와 결론을 연결하는 단계가 생략되었기 때문이 아니라
그것이 무의식적으로 이루어졌기 때문이다.

- 프랜시스 윅스(심리학자)[15]

우리 앞에 놓인 작품의 소리와 모습과 느낌에 무한히 민감하게 반응하는 것은 직관의 소리, 즉 예술과 학문의 여신인 뮤즈(Muse) 또는 수호신 게니우스(Genius)의 목소리에 귀를 기울인다는 뜻이다. 로마인들은 모든 사람에게 각자의 '수호신'이 있다고 믿었다. 수호신은 우리 주변의 것을 감지하고 반영하며 우리는 본래의 자기 존재를 통해 물질, 시간, 공간을 변화시킨다.

창조적 영감을 주는 존재는 세계 문화권마다 여성, 남성 혹은 어린이로 다양하게 형상화되었다. 여성 뮤즈는 그리스 신화의 아홉 뮤즈와 포스트 르네상스 시기에 활동한 시인들 덕분에 대

중에게 친숙한 존재다. 뮤즈의 뿌리는 대지의 여신까지 거슬러 올라가며, 때로는 지혜의 여신 소피아(Sophia)와 동일시되기도 한다. 남성 뮤즈는 수피교의 히드르(Khidr)나 블레이크가 그린 활기찬 대장장이이자 예언자인 태양의 아들 로스(Los)로 형상화된다. 어린이 뮤즈는 놀이를 상징하는 우화적 존재다.

블레이크의 수채화 〈반짝이는 눈의 환상(Bright-Eyed Fancy)〉에는 수금을 연주하는 시인 주변을 맴돌며 날고 있는 젊은 여인이 있다. 여인은 풍요의 뿔을 기울여 작은 요정이나 아이로 형상화된 아이디어를 잔뜩 쏟아 내고, 시인은 그것들이 허공으로 사라지기 전에 담아 두겠다는 듯 수금을 탄다.

〈반짝이는 눈의 환상〉, 윌리엄 블레이크

히드르는 수피교에서 초록색 가운을 걸친 남자로 의인화된다. 그는 모세와 다른 예언자들의 귀에 비밀을 속삭인 인물이자, 우리의 혀가 자유를 원하는 순간에 언제든지 나타나는 비밀의 인도자다. 그가 입은 초록 가운은 천이 아닌 대지의 초목이다. 히드르는 '신록(新綠)의 신'으로 알려져 있으며 서양의 뮤즈나 대지의 여신과 연결되는 많은 특징을 갖고 있다. 남자일 수도 있고 여자일 수도 있으며, 우리 내면 깊은 곳의 메시지를 속삭이는 자연의 소리이기도 하다. 그는 연금술사들이 만들고자 했던 '초록색 금', 즉 햇빛을 받아 만들어진 잎의 색깔이다. 이 색은 대지의 삶과 천상의 삶이 합쳐진 결과물로서 막연한 추상이나 신비로운 꿈이 아닌 우리가 살아가는 데 필요한 화학적 광합성이다.

뮤즈는 창조성이 취할 수 있는 무수히 많은 모습 중 하나다. 여기 또 다른 이미지가 있다. 글을 쓸 때 컴퓨터로 타자를 치거나 손으로 쓰는 대신 코로 펜을 잡은 아기 코끼리가 글을 받아 적는 모습을 상상해 보자. 인도에는 반은 소년이고 반은 코끼리인 가네샤(Ganesh)라는 지혜와 행운의 신이 있다. 인도의 고대 시인들은 호메로스(Homeros)처럼 문맹이었지만 가네샤는 읽고 쓸 줄 알았기에 시인들의 비서 역할을 했다. 고대 인도의 산스크리트 대서사시 《마하바라타(Mahabharata)》는 시인 비야사(Vyasa)가 구술하고 가네샤가 받아 적은 것으로 알려져 있다. 가네샤는 비야사가 《성경》의 13배 분량에 이르는 긴 시가 끝날 때까지 한 번도 쉬지 않고 즉흥적으로 구절을 읊는다면 받아쓰겠다고 했고, 비야사는 가네샤가 이해할 수 있는 부분만 적는다는 조건으로 이에 동의했다. 가네샤는 이해가 가지 않는 부분이 있으면 잠시 펜을 멈추고 생각을 해야 했다.

일반적으로 뮤즈는 시인에게 영감을 주는 외적 원천으로 여겨지지만 가네샤 신화는 이 관계를 뒤집는다. 영감은 시인의 마음에서 우러나오며 어떠한 설명이나 증거, 신과 같은 원천은 필요하지 않다는 것이다. 다만 신비로운 것이 있다면 바로 기술이다('technique'은 예술을 뜻하는 그리스어 'techne'에서 왔다). 신과 같은 현상의 정체는 영감이 아닌 영감이 실현되는 기법이다.

뮤즈는 신화나 전설만이 아니라 일상에도 존재한다. 우리는 필요할 때 언제든 자신의 뮤즈를 자유롭게 만들어 낼 수 있다. 나는 몇몇 친구들과 '콘그리게이션(Congregation)'이라는 음악, 무용, 연극을 결합한 즉흥 공연 그룹을 결성한 적이 있다. 어느 날 우리는 스튜디오에 모여 창작 작업을 하다가 벽에 부딪혔고, 각자의 삶에 쌓여 있던 갖가지 힘든 일들에 화가 나 있었다. 그때 테리 센드그라프라는 무용수 친구가 스튜디오 바닥 구석에서 낡은 테니스공을 발견했다.

그녀는 공을 집어 들고는 꽉 눌렀다. 계속해서 공을 쥐고 누르자 한쪽에 난 갈라진 틈이 입처럼 열렸다 닫히길 반복했다. '탁' 하는 소리와 함께 갈라진 틈의 위쪽 가장자리가 마치 부러진 이빨처럼 보였다. 그 순간 덧니 공이 탄생했다. 테리는 테니스공의 입을 열었다 닫았다 하면서 구수하고 유머러스한 고음의 목소리로 말하기 시작했다. 덧니 공은 우리를 진정시키면서 일에 진척이 없을까 봐 너무 걱정하지 말라고 말했다. 더불어 무엇을 해야 할지 알려 주리라 약속했고 그 약속을 지켰다. 덧니 공은 우리 기분을 풀어 준 뒤에 멋진 예술 작품을 위한 지시를 내렸다.

테리는 평범한 자아와 뮤즈로 나뉘어 있었다. 그녀의 뮤즈는 자신의 자아보다 큰 존재였으며, 개인의 뮤즈가 아닌 그룹 전체의 뮤즈였다. 우리는 번갈아 가며 덧니 공이 되었지만 목소리, 성격, 권위는 그대로 유지했다. 덧니 공은 어리숙한 인간들보다 더 구체적이고 명료한 아이디어를 쏟아 냈다. 우리는 곧 유머와 진심 어린 감사를 담아 그에게 덧니 신이라는 이름을 붙여 주었다. 덧니 신은 이미 오래전에 사라졌지만, 이 책은 아마 테니스공이 전하는 미학과 철학에 대해 다룬 최초의 책일 것이다.

생명의 터전이자 신록의 신이 사는 지구라는 초록색 공은 우리가 속한 거대한 실체다. 그리고 뮤즈, 히드르, 소피아, 성령은 부분을 통해 전해지는 전체의 목소리다. 이 목소리는 종종 이해할 수 없고 때로는 두렵기까지 하다. 그리고 언제나 경이롭다.

뮤즈는 각자가 경험하는 살아 있는 직관의 목소리다. 직관은 시냅스의 합산이며, 우리 신경계 전체가 순식간에 다변수의 복잡성을 균형 있게 결합하는 방식이다. 이는 계산과 비슷하다. 하지만 계산이 A에서 B로, 다시 B에서 C로 이어지는 선형적 과정이라면 직관은 중심축을 따라 움직이는 원형적 과정이다. 각 단계와 변수가 한꺼번에 중앙 의사 결정 지점, 즉 지금 이 순간에 수렴된다.

이성적 지식은 한 번에 한 단계씩 진행되며 각 단계의 결과는 종종 이전 단계의 결과를 뒤집는다. 그러면 생각이 너무 많아져서 무엇을 해야 할지 확실하게 결정하기 어려워질 때도 있다. 이성적 지식은 의식적으로 알고 있는 정보를 바탕으로 일을 처리하는데, 이는 우리가 가진 전체 지식의 극히 일부다. 반면 직관적 지식은 우리가 아는 모든 것, 우리 존재 자체로부터 나오며 다양한 방향과 원천에서 오는 정보들을 한순간에 수렴한다. 직관적 지식이 절대적인 확신을 주는 이유가 여기에 있다.

수학자이자 철학자인 파스칼(Blaise Pascal)은 "가슴은 머리가 알지 못하는 것을 안다"[16]라고 말했다. 생각에 고유한 구조가 있듯이 느낌에도 고유한 구조가 있다. 느낌에는 수준이 있고 생각도 마찬가지다. 그런데 느낌과 생각 둘 다이면서 어느 쪽도 아닌 더욱 심오한 수준의 무언가가 있다. 우리가 '직감을 믿어라'라고 말하고 결정을 내릴 때 참고하는 활동, 바로 직관이다.

언젠가 전화를 끊으면서 슬픈 느낌에 사로잡혔던 기억이 난다. 내면에서 무언가를 말하려고 하는데 거기에 집중하지 않았다는 걸 깨달았기 때문이다. 전에도 그 목소리를 듣고 무시했던 일이 떠올라 후회되었다. 인생에서 가장 단순하면서도 가장 어려운 일이 내면의 목소리에 귀를 기울이는 것이다. 고백하자면 나는 내면의 목소리에 응답하는 법을 배웠지만, 여전히 이를 재빨리 알아채지 못해서 멋진 경험을 할 기회를 놓치곤 한다. 한번 놓친 기회는 다시 되돌릴 수 없다. 이때 중요한 일은 자신을 용서하는 법을 배우는 것이다.

어쩌면 깨어 있는 상태란 언제든 응답할 준비가 되어 있다는 뜻일지도 모른다. 물론 어떤 사람도 매 순간 그럴 수는 없다. 하지만 노력할 수는 있다. 점점 더 안정적으로 귀 기울여 듣는 법을 배울 수 있다. 숙달이란 순간의 요구에 실시간으로 응답할 수 있는 능력이자 책임감이다. 직관과 영감을 따르는 삶은 수동적으로 내면의 목소리를 듣는 데 그치지 않고 그에 따라 행동하는 삶이다.

즉흥성은 행동하는 직관이자 뮤즈를 발견하고 그의 부름에 응답하는 방법이다. 빈틈없이 짜인 계획에 따라 체계적으로 작업하더라도, 항상 얻을 것도 없고 잃을 것도 없는 자유로운 발상의 과정이 그 시작일 수 있다. 직관이 쏟아져 나오면 끊임없는 선택의 물결이 빠르게 밀려온다. 이 흐름을 타고 온 마음을 다해 즉흥적으로 작업할 때, 선택과 이미지가 순식간에 서로에게 문을 열어서 직관이 건네는 말에 겁을 먹거나 뒷걸음질 칠 시간조차 없게 된다.

예술에 생명을 불어넣는 일의 핵심은 직관의 목소리에 귀기울이는 것이다. 바이올린 케이스를 열고 악기를 집어 드는 행위는 나에게 있어 상황에 대한 암시이자 "이제 목소리에 응답할 시간이야"라고 나 자신에게 보내는 분명한 메시지다. 그러면 그 순간이 명확하게 인식이 되어 집중하기가 쉬워진다. 이보다 훨씬 더 어려운 일은 이러한 시적 인식을 일상의 삶으로 가져와 습관화하는 것이다.

마음의 목소리를 찾는 것, 이것이 이 책에서 하고자 하는 모험의 핵심이다. 모든 예술가가 평생을 바쳐 전념하는 일이자 자신의 목소리로 말하는 법을 배우기 위해 일생의 탐구 과제로 삼는 일이다.

놀이에는 이유가 없다

새로운 창조는 지성이 아니라 내면의 필요에 따라
움직이는 놀이 본능에 의해 이루어진다.
창조적인 마음은 자신이 사랑하는 대상을 가지고 놀기를 좋아한다.

– 칼 융(정신분석가)

즉흥 연주, 작곡, 글쓰기, 그림 그리기, 연극, 발명 등 모든 창조적 행위는 놀이의 한 형태다. 놀이는 인간의 성장 주기에서 창조성이 발달하는 시작점이자 위대한 원초적 삶의 기능 중 하나다. 놀이 없이는 학습과 진화가 불가능하다. 놀이는 독창적인 예술이 꽃피게 하는 뿌리이자 예술가가 자신의 모든 지식과 기술을 총동원해 구성해 나갈 원재료이다. 기술은 놀이에서 비롯된다. 새로운 기술은 끊임없이 실험하고 도구를 가지고 놀면서 한계와 저항성을 점검하는 시도와 반복 연습을 통해 습득할 수 있기 때문이다.

창조적 작업은 놀이다. 선택한 재료를 활용한 자유로운 탐구다. 창조적인 사람은 자신이 좋아하는 대상을 가지고 논다. 화가는 색과 공간을 가지고 놀고, 음악가는 소리와 침묵을 가지고 논다. 에로스는 연인을 가지고 놀고, 신은 우주를 가지고 놀며, 아이들은 손에 잡히는 모든 것을 가지고 논다.

놀이는 원숭이나 유인원 같은 고등 포유류에게서 보편적으로 나타나는 특징이다. 요한 하위징아(Johan Huizinga)가 자신의 저서 《호모 루덴스》에서 보여 줬듯이 인간도 마찬가지다. 인간의 놀이는 의례, 예술, 정치, 스포츠, 문명 등 삶의 모든 측면에 스며 있으며 고도로 진화된 형태로 널리 퍼져 있다. 하위징아는 "놀이를 아는 것은 마음을 아는 것이다. 어떤 놀이인지는 중요하지 않다"라고 말했다.[17]

놀이는 언제나 맥락의 문제이다. 무엇을 하는가가 아닌 어떻게 하느냐가 중요하다. 놀이는 정의될 수 없다. 놀이에서는 모든 정의가 스르르 미끄러지고, 춤추고, 합쳐졌다가 쪼개지고, 다시 합쳐진다. 놀이의 분위기는 아주 장난스러울 수도 있고 지극히 엄숙할 수도 있다. 힘든 노동도 즐기는 마음으로 하면 놀이가 된다. 놀이를 통해 우리는 사람, 동물, 사물, 생각, 이미지, 그리고 자기 자신과 새롭고 상호적인 방식으로 관계를 맺는다.

놀이는 사회적 위계질서에 정면으로 도전한다. 이전에 분리되어 있던 요소를 하나로 합치고 우리 행동에 새로운 순서를 부여한다. 놀이를 한다는 건 임의로 걸어 둔 제한에서 벗어나 행동 영역을 넓히는 일이다. 놀이를 통해 풍부한 반응과 유연한 적응력을 기를 수 있다. 이것이 바로 놀이의 진화적 가치다. 놀이는 우리를 유연하게 만든다. 현실을 재해석하고 새로운 시각을 얻음으로써 고정된 사고에서 벗어나게 한다. 또한 자신의 역량과 정체성을 재확인하고 전례 없는 방식으로 그 능력을 사용할 수 있게 해 준다.

놀이는 게임과 다르다. 놀이는 순수한 즐거움을 위해 자유롭게 탐색하고 행동하며 존재하는 것이다. 게임은 야구, 시 쓰기, 교향악 연주, 외교와 같이 일정한 규칙 아래 이루어지는 활동이다. 놀이는 태도이자 정신, 행동하는 방식인 반면 게임은 규칙과 참여자가 정해진 활동이다. 물론 야구나 푸가 작곡 같은 게임도 놀이가 될 수 있다. 릴라(신성한 놀이)나 고된 노동, 사회적 명성을 위한 경쟁, 심지어 복수를 위한 수단으로써 행할 수도 있다.

행동은 일상적인 맥락에서 나오기도 하고 놀이라는 특별한 맥락에서 나오기도 한다. 보통 사람들은 놀이를 위한 공간을 따로 마련해 두지만 마음이 자유롭다면 커다란 위험이 있어도 놀이를 할 수 있다. 특별한 맥락은 '이것은 놀이다'라는 메시지로 정해진다. 신나서 꼬리를 흔드는 개, 미소, 빛나는 눈빛, 극장 출입문, 연주회장의 어둑한 조명 등이 그런 신호다.

오래전 인류학자들을 위해 쓴 놀이와 관련된 글에서, 나는 고등 생명체의 주요 특기 중 하나로 '제멋대로 움직이기(galumphing)'를 꼽았다.[18] 제멋대로 움직이기는 아기 강아지, 고양이, 원숭이, 어린이뿐 아니라 청년 공동체 및 문화에서도 볼 수 있는 순수하고 활기차며 무한한 놀이 에너지다. 겉보기에 이는 '쓸데없이' 애를 쓰는 불필요한 활동이다. 지나치고 과장되고 비경제적인 에너지 낭비로 보일 수도 있다. 걷는 대신 깡충깡충 뛰고, 지름길 대신 경치 좋은 길을 택하고, 이런저런 규칙과 제약이 많은 게임을 하고, 결과보다는 과정에 집중하는 일들이 '제멋대로 움직이기'다. 우리는 일부러 장애물을 만들고 이를 극복하기를 즐기기도 한다. 이런 행위들은 고등 동물과 인간에게 진화적으로 매우 중요한 가치다.

제멋대로 움직이기는 우리가 '필수적 다양성의 법칙(Law of Requisite Variety)'의 영향을 받고 있음을 확인시켜 준다. 자연계의 기본 법칙[19]인 이것은 X개의 정보를 처리하려면 최소한 X개만큼의 다양한 상태를 취할 수 있어야 함을 의미한다. 예를 들어 사진을 찍을 때 빛의 세 단계를 표현하고 싶다면 렌즈 구경이나 셔터 스피드가 적어도 세 단계 이상이어야 한다. 음악에서도 세 가지 감정을 전달하려면 활을 쓰는 방식이나 호흡하는 방식, 건반을 치는 방식이 최소 세 가지 이상 가능해야 한다. 물론 그보다 많으면 더 좋다.

주어진 상황에 맞춰 사용할 수 있는 더 강력하고 유연한 방법을 가졌을 때 우리는 '기술을 보유했다'라고 말한다. 예술가가 되고 싶은 사람이 아무리 원대한 목표와 풍부한 감수성, 날카로운 안목을 갖추고 있다 하더라도 그것을 구현할 기술이 없으면 예술은 나오지 않는다. 표현력을 활짝 열어 주는 필수적 다양성은 연습, 놀이, 훈련, 탐구, 실험을 통해 얻어진다. 연습하지 않으면 혹은 담대한 연습이 충분하지 않으면, 몸과 마음이 경직되고 다양성의 범주가 점점 좁아진다.

놀이하는 동안 동물, 인간, 사회 전체는 눈앞의 생존 가치만으로 작동하는 세계에서는 불가능한 신체 형태, 사회 형태, 사고 형태, 이미지, 규칙 등을 온갖 방식으로 조합하고 뒤바꾼다. 놀이 활동을 하는 생명체는 변화하는 맥락과 조건에 훨씬 잘 적응한다. 자유로운 즉흥 작업으로서의 놀이는 변화하는 세상에 대처할 능력을 길러 준다. 지금까지 인류는 다양한 문화적 적응을 통해 놀이하면서 전 세계로 퍼져 나갔고, 여러 번의 빙하기를 극복하고 위대한 예술 작품들을 남겼다.

《성경》의 〈전도서〉나 열역학 제2법칙에 따르면, 물질과 에너지로 이루어진 세계는 질서에서 무질서로 향하기 마련이다. 그러나 삶은 정반대의 방향으로 흐르기도 한다. 지속적인 진화의 게임을 통해 물질과 에너지가 점점 더 조직화된 유형으로 변한다. 이러한 다양성의 확산은 놀이와 마찬가지로 스스로 활력을 불어넣고, 스스로 동기를 부여하며, 스스로를 풍요롭게 한다.

독일어에 '풍크치온스루스트(funktionslust)'라는 단어가 있다. 행위의 즐거움, 결과를 만들어 내는 즐거움을 뜻하는 말로 결과를 얻거나 무언가를 소유하는 즐거움과 대비되는 의미를 갖고 있다. 창조성은 결과보다 결과를 얻기 위해 탐색하는 과정에 더 많이 존재한다. 우리는 열정적으로 반복하고 연습하면서 즐거움을 얻는다. 놀이와 마찬가지로 이런 행위에도 나름의 목적이 있다. 중요한 것은 결과가 아니라 과정이다. 놀이는 그 자체로 만족감을 주며 다른 무엇을 위한 조건이나 수단이 아니다. 놀이, 창조성, 예술, 즉흥성은 그 자체로 가치가 있다. 다른 보상이나 면죄를 목적으로 할 때 이 모든 경험은 벽에 가로막힌다. 이런 이유로 "사람은 빵만으로 살 수 없다"[20]라고 하는 것이다.

놀이에는 이유가 없다. 그 자체로 존재할 뿐이다. 이는《성경》〈출애굽기〉에 나오는 모세와 신의 대화를 떠올리게 한다. 모세는 자신이 누구와 이야기를 나누었는지, 누구에게서 영감을 받았는지 사람들이 물어보면 뭐라고 대답해야 할지 물었다. 그러자 신은 "나는 나다"라고 답했다. 놀이도 그저 놀이일 뿐이다.

릴라 또는 신성한 창조성이 그렇듯이 예술은 즐거움, 자기 발견, 내적 앎에서 오는 선물이다. 놀이는 본질적으로 가치가 있지만 전혀 돈이 들지 않는다. 값을 지불하는 순간 온전한 놀이가 아니게 된다. 따라서 우리는 돈과 예술이라는 어려운 문제를 스스로 해결해야 한다. 예술가도 먹고살아야 한다. 필요한 물건을 사고 수년간 전문 교육을 받기 위한 비용도 감당해야 한다. 이는 결코 사소한 문제가 아니다. 하지만 시장 논리는 자유로운 놀이로서의 예술을 방해하고, 최악의 경우에는 순수성을 완전히 잃어버리게 만든다. 프로 운동선수들도 같은 문제에 직면한다. 그들은 자신이 하는 운동을 사랑하기에 최선을 다하지만 돈, 명예, 인기 등에 사로잡히기 시작하는 순간 순수한 놀이로서의 의미가 조금씩 퇴색한다.

글쓰기도 마찬가지다. 언어 자체를 진심으로 좋아하고 상상력 안에서 마음껏 노는 일을 즐길 때 비로소 예술이 된다. 글을 단순히 생각을 전달하는 도구로만 여긴다면 예술이 되지 않는다. 문학적 글쓰기의 목적은 요점 전달이 아니라 상상력을 자극하는 데 있다. 물론 이 두 가지는 연속선상에 존재한다. 그래서 언론과 문학, 상업 예술과 순수 미술 역시 절대적으로 구분 지어 말하기 어렵다.

앞서 언급한 피리 연주자 이야기를 떠올려 보자. 그는 인정받기 위해, 명성을 얻기 위해, 스승의 기대에 부응하기 위해, 혹은 창피를 면하기 위해 연주할 때면 늘 무언가 부족함을 느꼈다. 그러다 얻을 것도 없고 잃을 것도 없는 상황이 되어 놀이하는 마음으로 무대에 섰을 때 마침내 진짜 연주를 할 수 있었다.

신화와 상징의 영역에서 놀이 정신은 바보, 요술쟁이, 아이 등 다양한 형태로 나타난다. 바보는 영미권 문화에서 고대 타로의 이미지이자 카드 숫자 0으로서 순수한 잠재력을 상징한다. 세계 각지의 신화와 전통 시에도 신성한 광대나 바보가 자주 등장한다. 예를 들어 미국 인디언 신화에 나오는 요술쟁이(Trickster)

와 코요테, 그리스 신화에 나오는 판(Pan), 르네상스 시기 이탈리아·영국·프랑스 이야기에도 광대와 바보가 등장한다. 바보의 지혜는 셰익스피어 작품을 관통하는 주제이기도 하다. 바보, 요술쟁이, 광대, 주술사는 보통의 어른이 가질 법한 두려움이나 수치심 없이 무의식에 있는 이야기를 직설적으로 쏟아 냄으로써 어느 정도 뮤즈의 역할을 하기도 한다.

요술쟁이는 길들여지지 않고 예측할 수 없으며 순수하지만 때로는 파괴적이다. 세상이 창조되기 이전부터 존재했으며 과거나 미래, 선과 악 따위를 의식하지 않고 제멋대로 삶을 활보한다. 늘 즉흥적이고 자기 행동의 결과에 신경 쓰지 않으며, 종종 실험 중인 일이 자신이나 다른 사람에게 좋지 않은 영향을 미치기에 위험한 존재이다. 하지만 그의 놀이는 완벽하게 자유롭고 거침이 없어서 ("바보는 천사들도 들어가기 꺼리는 위험한 곳에 겁 없이 뛰어든다"[21]) 문화의 창조주이자 여러 신화에서 다른 신의 창조주로 등장한다. 그는 세상의 모든 사물을 동생이라 부르고 모든 사물의 언어를 구사한다.[22] 요술쟁이는 우리의 어린 시절을 지켜 주는 수호신이다.

가장 큰 잠재력을 가진 뮤즈는 우리 내면에 있는 아이다. 시인, 음악가, 예술가는 평생을 이 아이, 언제나 노는 법을 알고 있는 자아를 만나기 위해 노력한다. 예수는 "누구든지 어린아이처럼 신의 나라를 받들지 않는 자는 결단코 그곳에 들어가지 못하리라"[23]라고 말했다. 즉흥 작업은 장난기 어린 실험으로서 본래

《순수와 경험의 노래》속 삽화, 윌리엄 블레이크

우리 안에 있는 동심, 순수한 마음을 회복하게 한다. 정신분석학자들은 이를 '에고를 위한 퇴행[24]'이라고 말하기도 한다. 그러나 이는 에고만이 아니라 자아 전체를 위한 퇴행이다.

예술적 창조성은 잘 훈련받고 숙련된 성인 예술가가 내면에 있는 어린아이의 맑고 순수한 놀이 의식의 원천을 활용할 때 만개한다. 놀이 의식에는 우리가 본능적으로 감지하는 독특한 느낌과 흐름이 있다. 마치 '매 순간 멈추지 않고 빠르게 흘러가는 물 위에 공을 던지는 듯한[25]' 느낌이라고 할까.

《순수의 노래》 중 〈서시〉, 윌리엄 블레이크

아이가 자전거를 타다 보면 계속되는 변화에 적응하는 균형 감각이 자전거를 잘 타는 비결임을 깨닫게 된다. 그러다 "엄마, 보세요! 손을 놓고도 탈 수 있어요!"라고 외칠 정도가 되면 더 적은 노력으로 더 큰 힘을 제어할 수 있게 된다. 곧이어 리듬, 타이밍, 무게, 균형, 기하학, 왼손과 오른손의 협동을 의식적으로 가지고 놀게 된다. 아이는 이 모든 것을 스스로, 자기 몸으로 해낸다. 이러한 발견에는 두려움, 기쁨, 뿌듯함, 불신, 자신감, 반복해서 해 보고 싶은 욕구와 같은 다양한 감정이 따라온다.

고전적인 훈련을 받은 음악가들이 악보 없이도 연주할 수 있다는 사실을 처음 깨달았을 때 바로 이런 감정을 느끼지 않았을까. 마치 목발을 던져 버린 기분일 것이다. 신의 경지에 이른 베토벤이나 바흐 같은 작곡가를 목발에 비유하는 건 다소 무례한 일일지 모른다. 하지만 직접 즉흥 작업에 뛰어들어 보면 다른 사람의 창조성에 의지하는 건 자신을 나약하게 만드는 일임을 알게 된다. 다른 누구도 아닌 자기 자신의 창조성을 발휘할 때 에너지, 단순함, 열정이 솟아난다. 열정(enthusiasm)이라는 단어는 '신(theos)으로 가득 차 있다'라는 그리스어에서 나왔다.

이 책의 서두에 소개한 일화에서, 거장 피리 연주자가 마을에 와 연주한 곡은 아주 단순했다. 그는 뛰어난 기술을 지녔기에 어떤 곡이든 연주할 수 있었지만 단순한 곡을 선택했다. 그리고 연주는 놀라울 정도로 강렬하고 신의 경지에 오른 듯 훌륭했다. 수년간 고통스러운 시간을 보낸 그의 제자도 마침내 스승처럼 단순한 곡을 아름답게 연주해 냈다. 그 연주에는 깊은 고뇌와 긴장이 배어 있을지 모르지만 곡 자체는 아주 단순했다.

다음 장에서 살펴보겠지만, 내면의 아이를 두려워하지 않는 경지에 이르려면 가슴 아픈 투쟁을 겪어야 할 수도 있다. 우리는 종종 남들이 진지하게 대해 주지 않을까 봐, 충분한 능력이 없는 사람처럼 여길까 봐 걱정한다. 그리고 인정받기 위해 자신의 근원을 잊고 사회가 요구하는 대로 전문적이고 순응적인 사람인양 경직된 가면을 뒤집어쓴다. 우리 안에 있는 아이 같은 면이란 바보처럼 스스로 자격을 부여하거나 과시하지 않고 단순하게 말하고 행동하는 것이다.

다양한 모습으로 나타나는 뮤즈처럼, 아이는 우리 내면에 있는 앎의 목소리다. 그 첫 번째 목소리가 바로 놀이다. 이런 관점에서 정신분석학자 도널드 위니콧(Donald Winnicott)은 심리치료의 목표를 "놀 수 없는 상태에서 놀 수 있는 상태로 환자를 변화시키는 것"이라고 명확히 밝혔다. 또한 "아이든 어른이든 오직 놀이를 통해서만 창조성을 발휘하고 전인격을 사용할 수 있으며, 개인은 창조적 상태에 있을 때만 자아를 발견할 수 있다[26]"라고 강조했다.

삼매, 사라지기의 기술

영감은 의식을 초월한 형태일 수도 있고 의식 아래 잠재된 형태일 수도 있다.
확실한 것은 영감이 자기의식의 정반대라는 점이다.

— 아론 코플랜드(작곡가)[27]

예술이 나타나려면 '나'는 사라져야 한다. 이상하게 들릴지 모르
지만 사실 이는 흔히 있는 일이다. 나무, 바위, 구름, 아름다운 사
람, 아기의 배냇짓, 숲속 젖은 땅에 반사된 햇살, 문득 들려오는
기타 소리 등에 눈과 귀가 사로잡힌 경험이 한 번쯤은 있으리라.
그 순간 마음과 감각은 대상에 완전히 빠져든다. 다른 건 아무것
도 존재하지 않는다. 이런 식으로 내가 사라질 때 주변의 모든 것
이 새롭고 놀랍게 다가온다. 자아와 환경이 하나가 되고 주의력
과 의도가 뒤섞여서 대상을 있는 그대로 보되 자신이 원하는 방
식과 방향으로 유도하고 이끌 수 있다. 이 생동감 넘치는 마음 상
태는 독창적인 작품이 싹트는 가장 훌륭한 토양이다. 창조성의
뿌리는 어린아이의 놀이이고 그것은 훌륭한 예술적 창조성을 만

나 활짝 꽃피운다.

아이들이 놀이에 완전히 몰입한 모습을 본 적이 있는가. 눈을 크게 뜨고 집중하고 있는 모습을 보면 아이와 세상은 모두 사라지고 오직 놀이만 남는다. 좋아하는 일을 하는 사람 역시 그런 순간을 경험한다.

일에 몰두하다 보면 휙 하고 세상이 사라지고 자신이 하는 일 자체가 되어 버리는 순간이 찾아온다. 집중하고 몰입할수록 신체적 요구가 줄어들고 시야가 좁아지면서 시간 감각이 멈춘다. 정신이 맑아지고 살아 있다는 느낌이 들면서 애써 노력해야 했던 일이 수월해진다. 자신의 목소리, 도구를 만지는 손의 감각, 규칙에 대한 느낌 안에서 나를 잃어 버린다. 눈앞에 있는 일의 순수한 매력, 질감, 저항성, 미묘함, 한계에 빠져들어서 시간과 장소, 심지어 내가 누구인지조차 잊어 버린다. 자아라는 명사는 동사가 된다. 창조력이 번뜩이는 지금 이 순간 일과 놀이는 하나가 된다.

불교에서는 이러한 몰입, 무아, 완전한 집중의 상태를 삼매(三昧)라고 부른다. 걷기 삼매, 요리 삼매, 모래성 쌓기 삼매, 글쓰기 삼매, 싸우기 삼매, 사랑 삼매, 피리 연주 삼매 등 세상에는 다양한 삼매가 있지만 가장 잘 알려진 건 명상을 통한 삼매다. 나에게 집착하는 마음이 서서히 사라지면 황홀하면서도 기민해지는 경험을 하게 된다.

인간의 아기와 다른 종의 새끼 동물들은 매 순간 삼매의 상태에 있는 듯 보인다. 그들은 주변 사람들까지 삼매 상태에 빠지게 하는 독특한 속성이 있다. 행복하고, 편안하고, 자기를 의식하지 않고, 집중하고 있는 아기는 성스러운 기쁨과 포용력으로 우리를 감싼다. 악을 쓰고 울면서 슬픔을 표현할 때조차 아기는 주변 사람을 완전하고 철저하게 그 슬픔에 몰입시킨다. 말하자면 이는 울기 삼매, 슬픔 삼매이다.

수피교에서는 이를 개인적 자아가 소멸된 상태, 파나(fanà)라고 부른다. 파나 상태가 되면 작은 자아가 사라지면서 큰 자아가 드러난다. 예술가들이 각자의 시대와 장소의 관습을 따르면서도 시간, 공간, 문화의 장벽을 뛰어넘어 모두와 친밀하게 소통할 수 있는 이유는 이러한 초개인적 특성 덕분이다. 이와 관련한 또 다른 수피교 용어로 사마(samä)가 있다. 황홀경에 빠져서 춤을 춘다는 뜻이다. 이 상태에서는 몸과 마음이 활동에 몰두하고 뇌파가 강렬한 리듬을 타면서 평소의 자아가 뒤로 물러나고 높은 수준의 알아차림이 일어난다. 위대한 페르시아 시인이자 안무가인 루미(Mevlana Jelaluddin Rumi, 황홀경 상태에서 빙글빙글 도는 데르비시 춤을 창안한 인물)는 이에 관해 다음과 같이 적었다.

춤은 바람에 날리는 먼지처럼 고통 없이 일어나지 않는다.
춤은 마음을 갈기갈기 찢고 영혼을 포기하고 두 세계를 뛰어넘을 때 나온다.
자신을 산산조각 내고 세속적인 열정을 완전히 버릴 수 있는 춤을 추어라.

진실한 자는 전장에서도 빙글빙글 춤을 춘다. 자신의 피를 뒤집어쓴 채 춤을 춘다.

자신을 포기하면서 그들은 손뼉을 친다.

자신의 불완전함을 뒤로한 채 그들은 춤을 춘다.

그들의 음유시인은 내면에서 음악을 연주하고, 열정의 바다는 파도 위에 거품을 일으킨다.[28]

명상과 춤이 '사라지는' 방법이 될 수 있다는 게 흥미롭지 않은가. 이런 비움의 상태에 도달하기 위한 구체적이고 기술적인 방법은 세계의 여러 문화권에서 발견된다. 선(禪)처럼 아폴로적인 성격이든 수피교처럼 디오니소스적인 성격이든, 이들 전통과 그것이 규정하는 수행법은 우리를 일상적인 시간에서 벗어나게 한다. 명상의 상태처럼 몸과 마음의 움직임을 완전히 멈추거나, 춤이나 바흐의 파르티타 연주처럼 고도의 기술을 필요로 하는 힘든 활동에 몰입하면 정체성의 경계가 사라지고 일상 세계가 멈춰 선다.

런던의 대형 극장 연출직을 그만두고 캐나다 캘거리에 루즈 무스 즉흥 극장(Loose Moose Improvisational Theatre)을 설립한 키스 존스톤(Keith Johnstone)은 10~20명가량의 배우를 삼매에 빠져들게 하는 방법을 고안했다. 순서는 이렇다. 첫째, 가능한 한 눈을 크게 뜬다. 둘째, 신호를 주면 방 안을 돌면서 눈에 보이는 모든 사물을 가리키며 최대한 큰 목소리로 엉뚱한 이름을 외친다(방석을 버스라고 하거나 샹들리에를 개라고 부르는 식이다). 셋째, 시작한다!

시간은 대략 15~20초면 충분하다. 이 활동은 눈앞의 사물이나 사람에 대한 습관적인 해석과 개념을 벗겨 냄으로써 모든 것을 새롭게 보게 한다. 대상 자체를 아주 순수하게 알아차린다는 점에서 이는 마치 약물을 복용한 사람이 겪는 환각 상태와 유사하다. 하지만 약물을 사용했을 때와 달리 생리학적으로 치러야 할 대가가 훨씬 적다.

삼매로 이끄는 명상법은 유래한 나라와 종류가 다양하다. 여기서는 그중 한 가지만 소개한다. 콧구멍을 열고 눈은 반쯤 감은 상태로 깊게 호흡한다. 아랫배로 호흡하면서 날숨에는 공기를 짜내듯 내뱉고 들숨에는 이완하며 숨을 들이마신다. 호흡이 잔잔한 바닷물결처럼 가라앉을 때까지 긴장을 풀고 이 과정을 천천히 반복한다. 입을 다물고 혀는 입천장에 댄 채 척추를 가능한 한 곧게 펴고 어깨는 낮게 떨어뜨린다. 명상이 길어질수록 척추가 펴지고 편안한 상태에서 온몸이 이완되면서 깨어난다. 복식 호흡이 전신 호흡이 되게 한다. 땅속 깊이 뿌리를 내리고 구름 너머까지 가지를 뻗친 나무처럼 척추가 땅끝에서 하늘 꼭대기까지 펴지게 한다. 빛을 순환시킨다. 배를 이완하면서 숨을 들이마실 때 빛이 척추 맨 아래에서 뇌 끝까지 올라가게 한다. 숨을 내쉴 때는 빛이 가슴에서 팔, 배, 다리를 거쳐 몸 아래로 흘러 다시 척추의 뿌리에 모이게 한다. 이 상태로 몇 분의 시간을 보낸다. 그런 다음 일어서면 빛이 저절로 온몸을 순환하면서 몸을 회복한다. 이제 천천히 예술 작업을 위한 도구를 집어 들고 무게와 균형을 점검한 다음 첫 번째 획을 긋는다.

명상, 춤, 사랑, 놀이와 더불어 자아를 비우는 좋은 방법은 악기를 조율하는 것이다. 악기를 조율할 때는 외부 소음과 방해 요소를 제거해야 한다. 그런 다음 미세하게 소리를 조정하면서 정확한 음을 찾아가다 보면 점차 몸과 마음이 사라짐을 느낀다. 소리에 점점 더 깊이 빠져들면서 이내 무아지경에 이른다. 집중해서 듣기는 심층 놀이이자 완전한 몰입이다. 이윽고 연주가 시작되면 관객들은 우리가 악기 조율 과정에서 쏟은 정성에 비례해 그와 비슷한 마음 상태에 더 쉽게 빠져든다. 신비롭게도 우리는 악기를 조율하면서 정신도 함께 조율하는 셈이다.

이보다 더 간단한 삼매 연습도 있다. 앞에 있는 무언가를 바라보며 "그래! 그래! 그래!"라고 외치는 것이다. 《율리시스》 끝부분에서 몰리 블룸이 삶을 긍정하고 사랑을 확언하며 외치는 만트라처럼 말이다. 그러면 가능성으로 가득 찬 우주가 더 가까이 선명하게 다가온다. 반대로 "아니, 아니, 아니"라고 말하면 세상이 점점 더 작아지고 무거워진다. 이 두 가지 연습을 모두 시도해 보라. 아주 간단하게 진실을 확인할 수 있을 것이다.

수련이나 기타 관다발 식물은 해가 뜨면 꽃잎을 활짝 폈다가 해가 지면 오므라든다. 어쩌면 햇살과 수련이 엽록소, 당, 단백질, 물이라는 생물학적 언어를 사용해 나누는 대화도 "그래! 그래! 그래!"이지 않을까.

2부

창조는
어떻게
이루어지는가

바이올린을 연주하는 법

나는 늘 두 가지 생각의 흐름 사이에서 끊임없이 갈등한다.
첫째는 생계를 유지해야 하는 현실적 어려움이고,
둘째는 색채에 대한 연구이다. 나는 색채 연구를 통해 새로운 통찰력을
발견하고, 두 가지 보색을 결혼시켜 어우러지면서도 대립하는 연인의
감정을 표현하고 싶다. 유사한 색조들의 수수께끼 같은 진동을
만들어 내고 싶다. 어두운 배경에 밝게 빛나는 색을 대비시켜
눈썹 뒤에 감춰진 생각을 드러내고 싶다. 별빛으로 희망을,
석양으로 한 영혼의 뜨거운 간절함을 나타내고 싶다.

— 빈센트 반 고흐(화가)[29]

이 장에서는 바이올린을 연주하는 일이 어떤 느낌인지, 거기에
어떤 신체적·영적 움직임이 있는지 이야기하려고 한다. 예술마
다 고유한 움직임과 표현의 영역이 있다. 반 고흐(Vincent van Gogh)
가 물감을 사용해 색채와 빛, 진동, 희망, 열망, 어두운 배경 등을
일상적이고 실제적인 작업으로 다루었듯이 우리도 마찬가지다.
우리가 어떤 표현 수단을 선택하든 그 나름의 느낌이 존재한다.

이는 영감, 뮤즈, 놀이, 매개체, 흐름 등 모든 원천의 집성이다.

음악은 늘 삶의 압박감을 덜어 주고 치료해 주는 역할을 해 왔지만, 동시에 듣는 이와 연주자 모두의 체력을 강화하는 운동이기도 하다. 특히 현악기 연주는 몸과 마음이 전적으로 힘든 운동을 하게 만든다. 활을 움직이는 힘찬 동작은 땅에서부터 발과 엉덩이를 거쳐 어깨를 지나 오른팔의 신경과 근육을 따라 내려온다. 지식의 충동은 과거, 현재, 미래에서 나와 몸, 뇌, 성격을 거쳐 다시 팔과 손의 신경과 근육을 따라 내려와 악기를 통해 전달된다.

다음은 윌리엄 블레이크가 시와 그림의 재능을 간구하며 뮤즈에게 바친 기도문이다.

당신의 부드러운 힘으로 내 손에 오소서
내 오른팔의 신경을 따라 내려오소서
나의 뇌가 닿지 못하는 그곳,
위대한 인류의 신이 낙원을 만드는 곳으로부터 오소서.[30]

활을 움직이는 바이올린 연주자의 오른팔은 시간을 창조한다. 활이 현을 스치는 동안 리듬과 박자라는 양적인 시간이 만들어지고, 하나의 음 안에서 각각 다르게 주어지는 터치·균형·강도의 차이에서 질적인 시간이 만들어진다. 같은 리듬이라도 거칠거나 부드러울 수 있고, 딱딱 끊어지는 스타카토(staccato)나 길게 늘어나는 레가토(legato)로 연주할 수 있다. 활은 현 위에서 달리고 미끄러지고 튀어 오른다. 현을 긁고 어루만지고 찌르고 두드리면서 사납게 공격할 수도 있고 부드럽게 속삭일 수도 있다. 위에서부터 아래까지 활의 모든 부분은 저마다 다른 특성을 가지고 있으며 그 고유한 무게, 장력, 마찰력이 서로 다른 소리를 만들어 낸다.

한편 왼손은 공간을 창조한다. 활이 남성이라면 바이올린은 여성이다. 이들은 계속해서 진동의 크기와 모양을 다르게 만들고 제어한다. 왼손 엄지손가락이 바이올린의 역동적인 동작의 균형을 잡는 동안 나머지 네 손가락은 현을 짚어 진동의 길이에 변화를 준다. 굵거나 긴 현은 깊고 풍부한 소리를 내고, 가늘거나 짧은 현은 높고 날카로운 소리를 낸다. 활의 움직임에 따라 손가락은 진동의 크기(음의 높낮이)뿐 아니라 모양과 색도 창조한다. 현을 강하게 짚느냐 부드럽게 누르느냐, 비브라토(vibrato)로 손가락을 부드럽게 떠느냐 격렬하게 떠느냐에 따라 같은 음이라도 완전히 다른 감정으로 표현된다.

사실 음악에서 절대적인 '음표'란 존재하지 않는다. 음표는 실제 소리인 음색을 나타내는 추상적인 기호일 뿐이다. 예를 들어 '도'나 '레'라고 불리는 음을 수천 가지 다른 소리로 연주할 수 있다. 소리의 진동은 저마다 고유해서 표준화가 불가능하다.

음악에는 네 가지 수준의 진동이 공존한다. 악보에 명시되어 있는 중간 수준의 두 가지 진동은 음정과 리듬이다. 초당 20에서 수천 사이클 사이의 진동은 높낮이의 차이로 인식된다. 진동수가 초당 20 이하로 떨어지면 우리 귀는 이를 하나의 덩어리로 인식해 높낮이가 아닌 리듬으로 인식한다(피아노나 튜바의 낮은음을 듣거나 서서히 모터의 회전 속도를 줄여 보면 알 수 있다). 보통 우리가 음악에서 듣는 음은 여러 겹의 빠른 음파로 이루어진 화음과 그 아래 깔린 느린 리듬이다.

미시적 수준에서 보면 여러 겹의 음파 아래에 미묘한 차이로 높낮이와 리듬에 변화를 주는 진동파가 존재하는데, 바로 비브라토와 루바토(rubato, 연주자가 임의로 템포를 바꾸어 연주하는 것)다. 이들은 주어진 음 안에서 망설이듯 떨리는 소리, 과감한 소리 등을 내며 연주자가 자신만의 개성을 표현하는 데 활용하는 요소다. 끝으로 다른 세 가지 수준의 진동을 포함하는 거시적 수준에서는 곡 전체의 형태와 구조를 구성하며 처음부터 끝까지 역동적으로 흘러가는 아주 크고 느린 음파가 있다.

바이올린은 마음 상태를 그대로 드러내는 가차 없이 솔직한 악기다. 줄 받침대를 가로질러 매인 네 개의 현은 나무로 된 울림통에 30kg의 압력을 가한다. 그 상태에서 연주자가 활을 움직일 때 무게, 균형, 마찰, 근육의 긴장 등에서 오는 미세한 차이까지 모두 증폭한다. 연주자의 아주 사소하고 무의식적인 움직임도 소리의 떨림에 반영된다. 바이올린에는 숨겨진 게 없다. 그런 점에서 수학과 비슷하다. 거짓으로 꾸며 내기가 불가능하기 때문이다. 악기 밖으로 나오는 소리는 민감한 거짓말 탐지기이자 민감한 진실 탐지다.

카를로 베르곤찌(Carlo Bergonzi)의 바이올린.
베르곤찌는 이탈리아 현악기 명장 스트라디바리의 수제자로 바이올린 제작의 대가이다.

악기 연주는 전적으로 경험을 바탕으로 하며 실시간으로 연주자의 기량을 시험한다. 따라서 이론에 의존하거나 올바른 연주법을 배우는 것이 아니라 직접 해 보고 연습을 통해 자신의 방식을 발견해야 한다.

바이올린을 연주해 본 사람이라면 알겠지만 큰 문제 중 하나는 음정을 잡는 일이다. 바이올린에는 기타의 프렛처럼 손가락 위치를 알려 주는 표시가 없다(아이들 연습용 악기에 음정을 표시하는 테이프를 붙이기도 하는데, 이는 전혀 도움이 되지 않는다). 바이올린 연주의 다른 모든 측면과 마찬가지로 음조에도 당연한 것은 없다. 특히 가장 낮은 위치에서 가장 높은 위치로 왼손을 재빨리 이동하는 일은 마치 표시가 없는 표적을 조준하고 쏘는 것과 같다. 위험 부담이 크다. 위쪽으로 손가락을 옮기다가 조금이라도 어긋나 다른 곳을 짚기라도 하면 귀에 거슬리는 소리가 날 수 있다. 신동과는 거리가 멀었던 어린 시절, 나는 운이 좋아야만 정확한 음정으로 연주할 수 있다고 생각했다. E현에서 고음으로 훌쩍 뛰어 소리를 내는 일은 세상에서 가장 위험한 외줄타기처럼 보였다.

　나중에야 나는 한 번에 손가락을 이동해 높은음을 정확하게 짚어 내는 바이올린 연주자는 없으며, 순간적으로 소리의 높낮이를 판단하고 조정하는 연습을 부단히 해 나가야 한다는 사실을 알게 되었다. 내려올 때도 마찬가지다. 단번에 목표한 지점에 도달해 머무는 게 아니라 귀가 듣고 싶어 하는 음과 일치할 때까지 미세한 간격으로 위아래로 미끄러지듯 움직인다. 운동선수가 정확한 시간과 지점에서 공 잡기 위해 이리저리 뛰어다니듯 연주자는 유연한 손가락과 민감한 귀를 활용해 계속해서 음 사이를 오가며 최종 목표 지점으로 미끄러져 들어간다.

　손가락이 부드럽게 이완되지 않고서 한 근육만으로는 이런 움직임이 나올 수 없다. 적당한 힘으로 현을 눌러야 수십 분의 1초 후에 손가락을 위아래로 슬쩍 부드럽게 움직이는 일이 가능하다. 조금이라도 힘이 더 들어가면(인간의 손은 매우 힘이 세다!), 손가락이 착지한 위치에 순간적으로 달라붙어서 귀에 들릴 만큼 큰 소리를 내는 실수를 저지를 수 있다.

정신물리학에는 객관적인 자극 값(빛, 소리, 터치 등)과 주관적인 가치(우리가 느끼는 감각)를 연결하는 베버-페히너 법칙(Weber-Fechner Law)이 있다. 이 법칙의 핵심은 자극의 총량에 비례해 민감도가 감소한다는 것이다. 방에 촛불이 두 개 켜져 있을 때 세 번째 촛불을 켜면 밝기 차이를 금세 알아챌 수 있다. 그러나 촛불 50개가 타고 있는 상황에서는 51번째 초가 켜져도 그 차이를 실감하지 못한다. 반대로 말하면 전체 자극이 적으면 작은 변화조차 크게 다가온다. 문화인류학자 그레고리 베이트슨(Gregory Bateson)은 '차이는 만드는 차이'에 관해 말했다. 고요하고 스트레스가 없는 배경에서 아주 작은 소리와 움직임은 극적인 효과를 낼 수 있다.

이런 관점에서 귀를 청소하는 가장 좋은 방법은 시끄러운 기계음, 사람과 자동차로 가득한 도시에서 벗어나 한 달 정도 시골에서 지내는 것이다. 그러면 우리 귀는 점차 본래의 힘을 회복하고 점점 잘 들을 수 있게 된다. 운동 감각도 마찬가지다. 바이올린 현을 세게 누를수록 그 느낌이 덜해지고 크게 연주할수록 소리가 덜 들린다. 근육이 이완되고 준비된 상태일수록 더 다양한 방식으로 움직일 수 있다. 손, 팔, 어깨, 신체 모든 부분에서 힘을 빼고 강하면서도 부드럽게 영감이 신경-근육-정신의 연결 통로를 막힘없이 흐르게 해야 한다.

이 흐름을 막는 것이 있다면 무엇일까? 의식적으로 움직일 수 있는 맘대로근(수의근)이 의지와 상관없이 수축하거나 경련을 일으키면 이런 흐름에 방해가 될 수 있다. 두려움, 의심, 경직된 마음은 과도하게 근육을 긴장시킴으로써 정신분석학자 빌헬름 라이히(Wilhelm Reich)가 말한 '신체의 갑옷(body armor, 근육을 경직함으로써 정보의 흐름을 차단하는 방어체계)' 같은 생리적 현상을 일으킨다. 연주하려고 '애를 쓸수록' 나는 실패한다. 억지로 연주하는 날에는 완전히 망친다. 달려가려고 하면 넘어진다. 실수하지 않으려고 각오할 때마다 반드시 실수를 한다. 강해지는 유일한 길은 취약함을 받아들이는 것이다.

언젠가 이전에 배운 내용을 모조리 잊고 기초부터 다시 바이올린 연주를 배우기로 결심한 적이 있다. 그렇게 1년을 보냈다. 그런데 친구들과 같이 사는 집에서 악기 연습을 한다는 게 얼마나 힘든 일인지 생각지 못했다! 나는 밖으로 새어 나가지 않을 만큼 아주 작은 소리로 연습해야 했는데 동시에 제대로 된 연습을 위해 충분한 소리를 내야만 했다. 그 시간을 통해 나는 현을 살짝 건드려 속삭이듯 하면서도 명료하게 소리가 들리게 하는 법을 배웠다.

또한 운이 좋게도 (물론 당시에는 그렇게 생각하지 않았다!) 그때 나는 회복까지 몇 달이 걸린 목 부상으로 고생하고 있었다. 바이올린을 목에 받치는 건 꿈도 못 꾸는 상황이었다. 그래서 어느 한 곳에 고정하지 않은 채 왼팔의 작은 근육만으로 바이올린을 들어 올려야 했다. 힘들었지만 소중했던 그 경험을 통해 나는 무중력감을 이용해 보다 편안하게 연주하는 법을 배웠다.

그전까지는 연주할 때 근육이 어떻게 움직이는지, 어떻게 발달하고 강화되는지, 근육에서 전해지는 피로감이 얼마나 기분 좋은 느낌인지, 다양한 방식으로 연주할수록 어째서 온몸이 더 이완되고 강해지는지에 관심이 없었다. 악기를 연주한다는 건 동작마다 우아하고 균형 잡힌 형태를 찾는 일이며, 이로써 무게를 분산하고 근육이 과도하게 긴장하지 않도록 주의를 기울이는 일이다. 그렇다면 피아노 연주자의 경우에는 근육들이 어떻게 상호작용을 할까? 도예가는? 사진작가는? 센터 포지션을 맡은 농구 선수는?

나는 신체, 중력, 균형, 기술 등 악기의 물리적 특성에 집중하면 슬며시 영감이 흘러들어 올 공간이 생겨난다는 사실을 깨달았다. 이후 즉흥 연주로 떠나는 나의 모든 모험은 이 빈 공간에서 시작되었다.

150가닥으로 이뤄진 바이올린 활은 연주자 오른팔의 연장선이자 뇌의 연장선이며 혈관의 연장선이다. 오른손과 왼손은 남자와 여자처럼 잘 맞는 한 쌍으로 대칭적이며 상호보완적이다. 오른쪽과 왼쪽, 바이올린과 활, 남자와 여자, 음악과 침묵은 함께 춤추며 하나가 되었다가 다투고 다시 어울리고 분리되었다가 합쳐진다. 이런 성적 극성(sexual polarity)은 바이올린 연주자가 남성이든 여성이든 상관없이 누구에게나 진정한 경험이다.

아니무스(animus, 여성이 지니는 무의식적인 남성적 요소)와 아니마(anima, 남성이 지니는 무의식적인 여성적 요소)라는 개념이 말해 주듯이 모든 사람은 남성적 특성과 여성적 특성을 두루 지니고 있다. 그런데 보통 우리는 둘 중 한 측면을 억압한다. 하지만 바이올린과 활을 자유롭게 함께 연주하려면 연주자는 자신의 양쪽 특성을 활짝 열어 이들이 수월하게 작동하도록 해야 한다. 바이올린에는 나름의 과거, 현재, 미래가 있고 활도 마찬가지다. 이것들이 하나로 합쳐졌을 때 비로소 음악이 만들어진다.

한 손으로는 손뼉을 칠 수 없다. 음악에도 양손이 필요하다. 둘 사이에 충돌이나 불화가 있다면, 왼손과 오른손이 서로의 존재를 잊는다면, 아주아주 부드럽게 연주하고 경청함으로써 미묘한 알아차림으로 돌아가 이들을 다시 사랑에 빠지게 하는 것이 최고의 해결책이다. 새벽 3시, 이웃을 깨우지 않고 바이올린을 연주하는 일은 그래서 정말이지 멋진 일이다.

영감이 찰나의 불꽃이 되지 않으려면

땀에 흠뻑 젖어 보지 않은 사람은 풀잎 위의 진주 궁전을 만날 수 없다.

– 선문답[31]

악기 연주나 운동 등 예술 분야를 공부하는 사람이라면 누구나 연습, 실험, 훈련을 해야 한다. 직접 해 보는 것만이 진정한 배움을 얻는 길이다. 머릿속으로 상상하거나 계획하는 일과 실제로 해 보는 일의 차이는 엄청나다. 마치 상상의 로맨스와 현실에서 저만의 복잡성을 가진 누군가와 만나 연애를 하는 일이 완전히 다른 차원의 일인 것과 같다. 누구나 이 차이를 안다. 그럼에도 이를 실현하는 데 필요한 노력과 인내심에 지레 겁을 먹고 뒤로 물러선다. 아무리 대단한 창조적 잠재력이 있고, 눈부신 영감이 번뜩이고, 감정이 벅차올라도, 그것이 현실로 옮겨지지 않는다면 창조성이라고 할 수 없다.

음악 학교나 대학교의 음악학과에 가 보면 긴 복도를 따라 작은 연습실이 줄지어 있다. 피아노 한 대와 보면대가 놓여 있고 방음시설이 갖춰진 공간이다. 한번은 그런 복도를 걷다가 연습실 하나가 사무실로 개조된 것을 보았다. 출입문에 '이 방은 더 이상 연습실이 아닙니다'라고 적힌 쪽지가 하나 붙어 있었는데, 그 밑에 누군가 낙서를 해 놓았다. '이제 완벽해졌군요!'

'연습이 완벽을 만든다'라는 익숙한 문구는 몇 가지 미묘하고 심각한 문제를 불러올 수 있다. 연습을 공연이나 실전을 준비하는 특별한 상황에서 이루어지는 활동이라고 여기게 되는 것이다. 그러나 연습과 실전을 분리하면 어느 쪽도 진짜가 아니게 된다. 그동안 이 둘을 분리해 왔던 탓에 수많은 아이가 피아노나 바이올린 심지어 음악 자체를 질색하게 되는 길로 들어섰다. 너무 딱딱하고 이론에 치중한 교습, 강압적이고 지루한 연습을 강요한 결과다. 같은 방식으로 많은 아이가 문학, 수학, 생산적인 작업 자체를 싫어하게 되었다.

창조 작업에서 가장 괴롭고 좌절감을 안겨 주는 부분이자 매일의 연습 과정에서 씨름하게 되는 부분은, 우리가 느끼는 것과 표현할 수 있는 것 사이의 간극이다. 스승은 제자의 피리 연주를 듣고 "무언가 부족하다"라고 말했다. 우리는 스스로 모든 것이 부족하다고 느낄 때가 많다. 우리가 가장 깊이 느끼지만 가장 표현하기 힘든 미지의 영역이 바로 이 간극이다.

기술이 이 간극을 메워 줄 수 있다. 그러나 반대로 간극을 더버릴 수도 있다. 기술이나 솜씨를 도달해야 할 무언가로 여기는 순간 '연습'과 '완벽'이라는 이분법에 빠지게 되고, 이것이 우리를 악순환의 구렁텅이로 밀어 넣는다. 자신이 잘 아는 악기, 도구, 아이디어로 즉흥 작업을 한다면 스스로를 표현할 수 있는 탄탄한 기술을 갖춘 셈이다. 하지만 그 기술에 너무 숙련되고 익숙해져서 무엇을 어떻게 해야 할지 미리 정해 버리는 지경에 이르면 현재의 생생한 순간을 즐기기 어려워진다. 연습을 통해 얻는 노련함에는 이런 위험이 내재한다. 놀이의 정신이라는 뿌리를 잃은 기술은 경직된 틀 안에 갇힌 전문성에 불과하다.

서양에서 연습이란 기술을 습득하기 위한 수단으로 여겨진다. 이는 미래의 보상을 위해 현재의 고통이나 지루함을 견뎌 낸다는 노동관과 매우 밀접한 관련이 있다. 반면 동양의 연습 개념은 사람을 창조하는 일이자 이미 존재하는 완전한 인간을 드러내는 일이다. 연습은 무언가를 이루기 위한 준비 과정이 아니라 그 자체로 충분하고 완전하다. 선불교에서는 마루를 닦거나 밥 먹는 행위도 수행이라고 말한다. 걷는 것도 수행이다.

연습과 실제 연주를 인위적으로 구분하지 않는다면, 우리가 내는 음 하나하나가 기술에 대한 탐구이자 예술 정신의 온전한 표현이 된다. 아무리 전문가의 경지에 다다랐다고 해도 초보자의 활, 초보자의 호흡, 초보자의 몸으로 연주하는 법을 계속해서 다시 배워야 한다. 그렇게 함으로써 처음 음악을 하게 만든 순수함, 호기심, 열망을 되찾을 수 있을뿐더러 연습과 연주가 필연적으로 하나임을 깨닫게 된다. 이 과정에서 느낀 즐거운 경험은 내가 처음으로 선 수행과 음악의 실질적인 연관성을 발견하게 된 계기가 되었다.

기계적인 작업이나 기술은 영감과 창조라는 더 위대한 정신적 행위를 위해 견뎌 내야 할 평범하고 따분한 일이 아니다. 작곡가 이고르 스트라빈스키(Igor Stravinsky)는 "내 곡을 악보에 옮기는 행위, 소위 반죽을 하는 행위는 창조의 즐거움과 떼려야 뗄 수 없는 관계이다"[32]라고 말했다. 예술에는 연습이 필요할 뿐 아니라 연습이 곧 예술이다.

지루한 연습을 이어 갈 필요는 없지만 어떤 식으로든 연습은 해야 한다. 지금 하는 연습이 지루하다고 해서 도망치면 안 된다. 그렇다고 무작정 참고 견뎌서도 안 된다. 유연하게 자신에게 맞는 방식을 찾아 나가야 한다. 예를 들어 한 음계만 연주하는 게 지루하다면 음계 순서를 바꿔서 연습해 보라. 그다음에는 리듬을 바꾸거나 음색을 바꿀 수도 있다. 그 순간 당신은 즉흥 연주를 시작한 것이다!

원재료도 있고 스스로 연습 과정에 피드백을 할 만한 판단력도 생겼다면, 결과물이 별로일 때 얼마든지 변화를 줄 수 있다. 이는 악보 없이는 연주할 수 없다거나 책에 나온 음계를 정확하게 반복하지 않으면 기술을 발전시킬 수 없다고 생각하는, 고전적으로 훈련받은 음악가들에게 특히 효과적이다. 무용, 그림, 연극에서도 마찬가지다. 어떤 분야의 예술이든 가장 기본적이고 단순한 기술을 가지고 상황에 맞게 이를 변용해 가며 온전히 내 것으로 만들 수 있다.

기술 연습은 그 자체로 지루하거나 재미있지 않다. 연습을 지루하게는 만드는 건 나 자신이다. 지루함, 흥미, 놀이, 고단함, 짜릿함, 매력 등은 모두 내가 무엇을 하고 그것을 어떻게 느끼는지에 따라 붙인 이름일 뿐이다.

즉흥 작업은 '그냥 아무렇게' 하는 것이 아니다. 그것은 계획된 작업만큼 구조나 완전성 면에서 만족스러울 수 있다. 하지만 반대의 경우도 있다. 무엇이든 할 수 있고, 결과에 대한 두려움 없이 실험하는 마음으로 도전하고, 비판에 대한 걱정으로부터 자유로운 안전한 놀이 공간을 가져야만 무의식의 소재를 자체 검열 없이 꺼내 놓을 수 있다.

그런 상황 중 하나가 치료다. 치료받을 때 우리는 완전한 비밀 보장을 약속받고 삶에서 가장 깊고 괴로운 고민을 꺼내 들여다볼 수 있다. 또 다른 상황은 창작 스튜디오다. 여기서는 필요한 만큼 마음껏 시도하고 버릴 수 있다. 작곡가 요하네스 브람스(Johannes Brahms)는 예술가의 수준을 알려면 그가 얼마나 많이 버렸는지를 보면 된다고 말한 적이 있다. 위대한 창조주인 자연은 항상 무언가를 버린다. 개구리는 한 번에 수백만 개의 알을 낳는데, 이 중 올챙이가 되는 건 고작 몇십 마리뿐이고 그중에서도 몇 마리만 개구리가 된다. 우리도 자연처럼 수많은 상상력과 연습을 펼칠 수 있다.

단어를 자체 검열하거나 판단하지 않고 쏟아 내는 자동기술법을 통해 곧장 창조적 과정에 돌입할 수 있음은 널리 알려진 사실이다. 이렇게 쏟아 낸 단어들은 나중에 언제든지 쓰레기통에 던져 버릴 수 있다. 누군가에게도 알릴 필요가 없다. 이런 자동 기술법의 사회적 형태가 브레인스토밍(brainstorming)이다. 한 무리의 사람들이 둘러앉아 부끄러움이나 두려움 없이 떠오르는 아이디어를 마음껏 쏟아 내고 공유하는 일이다. 치료적 형태의 자동기술법은 전(前)의식적 또는 무의식적 재료를 끄집어내는 자유연상이다. 시각 예술에는 손이 가는 대로 그리는 핸드스토밍(handstorming)이 있다.

컴퓨터로 주로 작업하는 사람이라면 눈을 감고 자판을 두드려 보라. 눈이나 뇌가 끼어들지 못하게 곧장 단어들이 마음에서 손끝으로 옮겨 가게 해 보라. 오타는 나중에 살펴보면서 수정할 수 있다. 컴퓨터가 없거나 사용할 일이 많지 않다면 그림 그리기, 배 운전하기, 나무 조각하기 등 자신에게 익숙한 작업을 하면서 비슷한 시도를 해 볼 수 있다. 마음과 현실을 잇는 통로와 그것을 기록할 방법을 찾고, 시간이 흐른 뒤에 새로운 기분으로 그 작업을 판단하고 수정해 보라. 평가나 판단은 철저히 배제하고 마음을 쏟아 내는 연습을 해 보라. 몇 분 혹은 몇 달 후에 자유로운 놀이가 평가와 합쳐지는 순간이 올 것이다. 그 순간 당신이 하는 일은 즉흥 작업이 된다. 천천히 눈을 뜨고 마음을 쏟아 낸 종이, 컴퓨터 화면, 나무 조각 등에 언어와 문학, 문화와 공예 기술 등에 대한 지식을 더해 보라.

나는 이 책을 쓰기 위해 자판을 두드리는 손가락의 느낌을 좋아한다. 자판 위에서 리듬에 맞춰 손을 움직이고 만지고 누르고 힘을 빼는 이 순수한 운동 감각을 따라가는 과정이 점점 더 쉽고 편안해진다. 이런 느낌은 내가 다루는 도구가 컴퓨터 자판이든 노란색 종이 노트든 아니면 식당에서 낙서하는 냅킨이든 상관없이 경험할 수 있다.

자동기술법을 비롯한 여러 자유 실험을 하면서는 아무리 엉뚱하고 바보 같은 말이라도 마음껏 할 수 있다. 제임스 조이스(James Joyce)의 《피네간의 경야》처럼 유치하고 반복적이며 당최 말도 안 되는 것처럼 보이는 것들이야말로 창조적인 작품이 발굴되고 정제되는 원천이기 때문이다. 연습에서는 할 수 있는 일은 물론 아직은 할 수 없는 일까지 시도해 볼 수 있다. 이를테면 어느 정도 숙련된 연주가 가능한 악기로 즉흥 연주를 하기 전에 목소리, 몸짓, 집안 물건들, 단순한 타악기로 소리의 본질을 탐구할 수 있다. 반려견을 키우고 있다면 개를 즉흥 타악기 삼아 살살 두드려 볼 수 있다. 개도 기꺼이 응해 줄 것이다.

사소한 행동에 초점을 맞춰 볼 수도 있다. 자동기술법은 글의 내용 자체는 터무니없을 수 있지만, 종이에 쓸 때 또박또박 한 글자를 더 눈여겨 볼 수 있고 자판을 치는 경우라면 타자의 정확성에 더 집중할 수 있다. 바이올린을 연주하면서는 곡 자체보다 손가락의 압력이 만들어 내는 미묘한 차이를 주의 깊게 살펴볼 수 있다. 이상하게도 때로는 말도 안 되는 일이 아주 아름다운 결과를 불러올 때가 있다. 이는 기술의 사소한 측면을 흥미롭고 완

리코 레브런의 핸드드로잉

벽하게 만드는 데 집중했기 때문이다. 작은 것을 완벽하게 해내면 몸, 언어, 마음이 행동으로 모인다. 바로 이런 신체적 연습이 영감을 결과물로 연결하는 힘이다.

이 미묘한 균형을 잡는 일이 예술가에게 중요한 과제다. 연습을 실전과 분리하는 건 아주 위험하다. 또한 연습을 평가하기 시작하면 마음껏 실험하기 힘들어진다. 예술가에게 연습이란 두 극단을 오가는 일이다. 섣부른 판단에 대한 두려움 없이 자유롭게 실험하고 탐구하며 놀이를 하는 동시에 완전히 몰입해야 한다. T.S. 엘리엇(Thomoas Steams Eliot)은 단어 하나하나 행동 하나하나가 "돌덩어리, 불구덩이, 바다의 목구멍을 향해 내딛는 한 걸음"[33]이라고 말했다. 화가이자 조각가인 리코 레브런(Rico Lebrun)은 "나는 작업할 때 전혀 불안하지 않다. 마치 지뢰밭인 양 종이를 정신없이 휘젓고 다니다 보면 작품이 탄생한다"[34]라고 말했다.

연습은 창작 과정에 박차를 가한다. 우연히 또는 무의식적으로 떠오른 놀라운 영감이 점점 커지고 생명력을 얻을 수 있는 건 연습 덕분이다. 여기서 영감의 순간을 지속적인 활동의 흐름으로 연결하는 중요한 통합이 이루어진다. 영감은 더 이상 신의 숨결로 타올랐다가 꺼져 버리는 찰나의 불꽃이 아니다.

영감과 노력에 대한 토머스 에디슨(Thomas Edison)의 유명한 명언은 분명한 사실이지만 연습에서 이 두 가지는 분리되지 않는다. 노력은 그 자체로 영감이 된다. 나는 내 손으로 모든 도전을 헤쳐 나가려고 한다. 그래서 재료와 악기를 마주하고 몸과 마음, 손과 눈, 동료와 관객을 만난다. 연습은 직접적이고 개인적이며 상호적인 관계로 들어가는 문이다. 그것이 내면의 앎과 행동을 연결한다.

숙달은 연습에서 비롯된다. 연습은 장난기 가득하고 자꾸만 해 보고 싶은 중독적인 실험(릴라의 장난스러운 면)과 경이감(릴라의 신성한 면)에서 나온다. 운동선수는 경기장을 한 바퀴 더 달리고 싶어 하고, 음악가는 한 곡만 더 연주하고 싶어 하고, 도예가는 저녁을 먹으러 가기 전에 도자기 하나를 더 만들고 싶어 한다. 그러고는 '한 번만 더' 해 보려고 할 것이다. 음악가, 운동선수, 무용가는 근육이 아프고 숨이 턱 끝까지 차올라도 계속해서 연습한다. 이런 수준의 열정은 죄책감이나 의무감 같은 칼뱅주의적 초자아의 요구로는 가질 수 없다. 연습에서 일은 내적 보람을 가져다주는 놀이다. 언제나 5분만 더 놀고 싶어 하는 내면의 아이 마음이다.

연습의 중독적인 측면은 특히 컴퓨터 프로그래밍이라는 새로운 장르의 예술에서 잘 나타난다. 프로그래밍은 그 자체로 반응적인 활동이며 실시간으로 우리에게 말을 건다. 프로그램을 만드는 과정에서 제대로 될 때까지 테스트하고 수정하고 다시 만들고 또 테스트하고 수정하는 작업을 무수히 반복하면서 대화가 이어지는 것이다. 악기 연주, 그림 그리기, 글쓰기 연습에서도 마찬가지다. 보통은 작업이 잘되고 최고의 기량이 발휘될 때 중독 현상이 나타난다. 이는 생명을 앗아가는 중독이 아닌, 오히려 생명을 불어넣는 중독이다.

창조에는 기술도 필요하고 기술로부터의 자유도 필요하다. 이것이 가능해지려면 기술이 무의식화될 때까지 연습해야 한다. 타는 법을 단계별로 의식하면서 자전거를 탄다면 단번에 넘어질 것이다. 연습이 만들어 내는 연금술은 무의식과 의식 사이의 교차 거래다. 계획적이고 이성적인 성격의 기술적 요령은 오랜 시간 반복을 통해 의식에서 떨어져 나와 '잠을 자면서도 할 수 있는' 무의식적 행위가 된다. 때때로 피아노 연주자는 생선 가격에 대해 이야기하면서 베토벤의 곡이나 블루스를 멋지게 연주할 수 있다. 어릴 때 글자를 배우기 위해 힘들게 따라 쓰고 익히던 과정을 생각할 필요 없이 우리가 모국어로 글을 쓸 수 있는 것과 같은 이치다.

일정 수준에 도달하면 기술은 스스로를 감춘다. 노력 없이 쉽게 이룬 듯한 많은 예술 작품은 예술가가 삶과 죽음을 오가는 전투 속에서 만들어 낸 결과물일 수 있다. 기술이 무의식에 스며들면 그것이 무의식을 밖으로 드러낸다. 기술은 꿈과 신화의 세계에 숨겨진 무의식적 재료를 눈에 보이게, 이름 부를 수 있게, 노래할 수 있게 해 주는 매개체다.

삼매의 경지에 이른 연습은 종종 의식(儀式)의 형태로 나타난다. 의식은 특별한 장식이나 정교함을 통해 평범한 활동과 분리되고 강화되는 행위로서 신성하기까지 하다. 나는 언젠가 처음 스트라디바리우스 바이올린으로 연주할 기회가 주어졌을 때 이를 경험했다. 나는 바이올린을 만지기 전에 깨끗하게 손을 씻었다. 이미 깨끗했는데도 말이다. 이 손 씻기는 일상의 세계를 떠나 아름답고 신성한 바이올린이 존재하는 공간으로 전환하는 상황에 대한 표식이었다.

나는 연습과 의식을 연결 짓는 경험과 이 경험의 중요성을 간과함으로써 겪은 어려움을 통해 연습의 효과는 대부분 준비에 달려 있음을 배웠다. 연습은 스스로를 위해 만들어 내는 절차의 레퍼토리여서 사람마다 연습법이 다르고 솜씨와 재주도 다르다. 여기서는 내가 지금껏 연습을 통해 배운 몇 가지 준비 방법을 소개한다. 역설적이지만 나는 창조 작업을 준비하면서 이미 창조를 시작한다. 그때부터 '연습'과 '완벽'이 하나가 되는 것이다.

나의 연습 준비에는 건강을 유지하고 돌발 상황에 대비하기 위한 가능한 한 모든 재료와 행동이 포함된다. 기술을 익힐 에너지, 연습할 에너지, 피할 수 없는 좌절을 극복하기 위한 에너지, 상황이 잘 풀리는 듯해서 뒤로 물러나 편안히 쉬고 싶을 때도 계속해서 나아갈 에너지가 필요하다. 신체적·지적·성적·정신적 에너지가 필요하다. 이런 에너지를 잘 활용하는 방법은 이미 널리 알려져 있다. 운동하고 잘 먹고 잘 자고 꿈을 좇고 명상하고 삶의 즐거움을 누리고 폭넓은 독서와 경험을 하는 것이다. 벽에 막힐 때면 유머, 친구, 자연 같은 위대한 '벽 파괴자[block-buster]'의 도움을 받으면 된다.

구체적인 연습 준비는 놀이 공간인 테메노스(temenos)에 들어가면서 시작된다. 고대 그리스 사상에서 유래한 테메노스는 특별한 규칙이 적용되어 평범하지 않은 일이 얼마든지 일어날 수 있는 마법의 공간이자 성역(聖域)을 의미한다. 작업실을 비롯한 내가 작업하는 모든 공간은 자유롭게 내 의식을 실험하는 실험실이다. 테메노스를 청소하고 재배치하고 불필요한 물건을 치우는 등의 준비 과정은 내 몸과 마음을 정화하고 정리하는 일이기도 하다.

창조성을 가로막는 장벽과 그것을 뛰어넘을 해결책도 준비 요소 중 하나라고 볼 수 있다. 이에 관해서는 나중에 더 이야기하겠지만, 지금은 이 장벽을 치유하지 못하는 질병이나 비정상적인

106

무엇이 아닌 시작 과정의 일부인 조율 단계라고 생각하자. 시작할 때 나는 정지해 있는 사물이다. 그 부동의 상태에서 벗어나려면 몇 가지 거대한 법칙에 맞서야 한다. 관성을 극복하려는 시도는 사실상 무의미하다. 대신 관성을 중심점으로 삼아 그것을 명상, 확장된 고요함으로 발전시키자. 고요함에서 열기와 동력이 자연스러운 반향으로서 생겨나게 하자.

마음이 혼란스럽고 어찌할 바를 모를 때는 공간을 깨끗이 비우는 일도 도움이 된다. 답답함이 극에 달했다면 우선 작업 테이블을 완전히 비워라. 탁자를 닦은 뒤에 아무 무늬 없는 빈 유리잔에 물을 채우고 앞에 앉아 물을 바라보라. 그 물처럼 마음이 고요하고 깨끗한 상태가 되게 한다. 마음이 깨끗해지면 손과 몸이 단순하지만 강하게 움직이기 시작한다.

이제 도구를 준비한다. 도구를 장만해 닦고 유지하고 보수하면서 친밀감을 높이고 오랫동안 밀착 관계를 유지한다. 도구는 개별적으로 사용할 수도 있고 여러 개를 동시에 같이 사용할 수도 있다. 나는 방을 청소하고 도구를 정리·정돈할 때, 그것들과의 관계가 변하는 것을 지켜보면서 내 삶과 예술의 요소들을 살피고 이리저리 움직이고 상황에 변화를 준다. 이렇게 새로운 방식으로 작업 도구를 다시 바라봄으로써 낡고 지친 아이디어에서 벗어날 수 있다.

방해 요소들과 작별하자. 영감을 얻고, 작업하고, 감사하는 세 단계가 자연스럽게 흘러가도록 한다.

상자에서 바이올린을 꺼내든, 컴퓨터 전원을 켜든, 무용복으로 갈아입든, 책을 펼치든, 물감을 섞든, 모든 일의 시작은 그자체로 즐겁다. 악기를 꺼내 그 느낌을 탐색해 보라. 지금 악기를어떻게 들고 있는가? 악기를 조율하고 몸의 자세를 잡고 주의를집중하고 뼈와 근육과 피가 어떤 느낌을 받는지 살피면서 미묘한 균형을 맞춘다.

라이브 공연을 할 때는 무대를 비롯한 공연장 전체가 테메노스가 된다. 무대를 깔끔하게 정돈하고, 배선을 숨기고, 악기를사용하기 쉽고 아름답게 배치하고, 조명을 알맞게 맞추고, 실내공기를 쾌적하게 환기해야 한다. 그런 다음 나는 뒤로 물러나 잠시 명상을 하면서 영감을 불러온다. 그리고 무대로 나가 연주를시작한다. 그 순간 뭔가 빠뜨린 게 생각나더라도 그것 없이 해내야 한다.

마침내 나는 집에서 혼자 글을 쓸 때도 라이브 공연을 하듯행동하는 법을 배웠다. 다시 말해 관객을 대하듯 나 자신을 존중하고 배려하는 법을 배웠다. 이것은 사소한 교훈이 아니다. 이러한 의식과 준비 과정을 거치고 나면 마음의 불안과 모호함이 자아내는 의심을 떨치고 상상하는 대로 뮤즈를 불러낼 수 있다. 또한 집중력을 발휘해 앞으로의 도전에 대비할 수 있다. 이렇듯 철저하게 준비되고 조율된 상태에서 우리가 인식하고 행동하는 모든 것은 창조가 된다.

한계가 없다면 예술도 없다

새로운 인식은 필요의 결과로서 생겨난다.

그대여, 그러니 필요를 느껴라.

그러면 인식을 높일 수 있으리라.

– 루미(신비주의 시인)

우리가 알고 있는 인류 최초의 위대한 예술 작품인 알타미라와 라스코 지역의 구석기 시대 동굴 벽화는 3차원적인 벽의 표면을 훌륭하게 활용했다. 동물의 위치와 자세가 동굴 암벽의 튀어나온 부분, 접힌 부분, 갈라진 부분, 울퉁불퉁한 질감에 따라 표현되었고 심지어 잘 짜 맞춘 듯한 느낌마저 든다. 이 그림들이 가진 힘은 그림을 그린 고대인이 자신의 상상력과 거친 암벽의 특성을 조화시켜 창조해 낸 방식에 있다.

리처드 휴스(Richard Hughes)의 소설 《자메이카의 열풍》에는 해적에게 납치되어 선실에 갇힌 아이들이 나온다. 그중 한 여자 아이가 선실 바닥에 누워 판자벽의 나뭇결을 보다가 거친 나무의 표면에서 온갖 형상을 찾아내 연필로 윤곽을 그리기 시작한다. 환상적인 장면이 탄생한다.

누구나 한 번쯤 이런 식으로 낙서를 해 봤을 것이다. 무언가에 형태를 투영하고 윤곽선을 수정하고 정리해서 원재료가 자신이 상상하는 것과 비슷해 보이도록 말이다. 그렇게 우리는 내면의 환상을 실재하는 현실로 만든다.

아이가 나뭇결 위에 형태를 완성하자, 아이의 외면에 존재하는 나뭇결의 '무작위적인' 소용돌이무늬와 아이의 내면이 만들어 낸 무늬가 만난다. 나뭇결은 (혹은 나무, 돌덩어리, 구름이) 아이가 알고 있는 것, 알고 있는 것보다 훨씬 많거나 다른 무언가를 아이로부터 끌어낸다.[35] 이것이 바로 만들기와 느끼기 사이에서 일어나는 영원한 대화다.

예술 작품을 만드는 과정에서 큰 감동과 놀라움이 샘솟는 이유가 여기에 있다. 예술가가 받은 훈련, 스타일과 습관, 개성은 매우 흥미롭고 매력적일 수 있지만 어느 정도 정해져 있고 예측 가능하다. 하지만 그가 자기 외면과 내면의 패턴을 맞춰 나갈 때 두 패턴의 교차 혹은 결합은 전에 본 적 없는 색다른 무언가를 만들어 낸다. 이는 예술가의 고유한 본성에서 파생된 결과물이다. 두 개의 무늬가 겹쳐지고 합쳐져서 만들어지는 모아레(moiré)는 그 자체로 생명력을 갖는 제3의 무늬가 된다. 직선으로 이루어진 단순한 모아레도 지문이나 호랑이 줄무늬처럼 생동감 있게 보인다.

《역경》에서 한계란 대나무의 마디, 즉 삶과 예술에 형태를

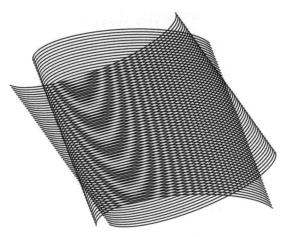

단순한 패턴의 결합이 만들어 내는 역동적인 모아레 무늬

부여하는 경계로 상징된다. 한계는 우리가 자발적으로 따르는 게임의 규칙이기도 하고, 우리에게 적응을 요구하는 통제할 수 없는 상황이기도 하다. 우리는 몸·악기·관습의 한계를 비롯해 스스로 만들어 낸 새로운 형태의 한계뿐 아니라 협력자나 관객이 만드는 한계, 장소와 자원의 한계까지 이용한다.

　　돈·공간·자양분의 부족, 시간의 부족, 자신의 이상과 다른 사람의 기대에 얽매이는 일 등은 종종 실패로 이어지는 한계지만 반드시 그런 건 아니다. 때로는 돈이 풍족할 때보다 부족할 때 더 좋은 예술이 나온다. 물론 창작을 하려면 재료가 필요하므로 예술을 위해 가난을 권장하진 않는다. 잘 먹고 잘사는 게 창작에 방해가 된다는 증거도 없다. 하지만 결핍은 돈으로 해결책을 살 수 있는 사람이 결코 해낼 수 없는, 최고의 기지와 창의력을 발휘해 당장 손에 잡히는 재료로 즉흥적인 결과물을 만들게 한다.

예술가들은 까다로운 도구나 별난 특성, 저항성, 관성, 자극을 가진 다루기 힘든 재료를 가지고 작업하는 경우가 많다. 때로는 이런 한계가 원망스럽기도 하지만 한계가 없다면 예술은 불가능하다. 우리는 한계에 맞서 싸우기도 하고 공생하기도 한다. 기술을 연습할 때 우리는 종종 재료가 형태를 결정하도록 내버려두는 경우가 있다. 물감의 점성, 바이올린 현의 장력과 울림, 배우의 자아 등 이 모든 취약성과 한계는 창조성의 원천이다.

언어는 방해와 저항이 많은 매체다. 단어는 끊임없이 변화하며 유동적인 상태로 진화하고 때로는 예상치 못한 새로운 의미를 채택한다. T.S. 엘리엇은 단어가 어떤 식으로 가만히 있지 않고 긴장하고 갈라지고 부서지고 미끄러지고 떨어져 나가고 부식되는지를 감미로운 시어로 표현했다.[36] 우리는 의사소통하려고 노력하지만 늘 비틀거리고 더듬거린다. 잘 전달했다고 느끼더라도 다음날이면 훨씬 더 잘 말할 수 있었고 전해야 할 말을 너무 많이 빠뜨렸음을 깨닫게 된다.

역설적이게도 우리는 제한적이고 한정적인 언어의 한계에 대한 좌절의 외침을 통해 본능적으로 그것의 아름다움과 풍요로움에 뛰어든다.《피네간의 경야》라는 작품으로 원대한 구상을 실현하기 위해 언어의 한계를 무너뜨리고 재구성한 제임스 조이스조차 꿈꾸는 시간의 규칙, 신화의 규칙, 리듬의 규칙 등 더 엄격하고 심층적인 규칙은 고수했다.

무엇보다 뮤즈의 목소리는 몸의 한계를 통해 실현된다. 손을 들여다보라. 뒤집고 활짝 펴고 가리키고 주먹을 쥐고 쿵쿵 쳐 보라. 음악가에게 손은 질서와 구조를 가진 다른 어떤 것보다 보편적이고 경이로운 도구다. 손가락이 여섯 개나 네 개가 아닌 다섯 개라는 점부터 생각해 보자. 다섯 개의 손가락으로 이루어진 손은 우리의 작업 방향을 특정한 형태로 유도한다. 바이올린이나 피아노로 연주하는 음악의 종류, 붓 그림의 종류, 물레 위에서 빚어지는 도자기의 종류는 손의 모양과 움직임에 직접적인 영향을 받는다.

손의 구조는 '그냥 아무렇게' 되어 있지 않다. 손은 손가락 간의 관계, 손가락마다 다른 움직임의 범위, 가로지르고 회전하고 튕기고 미끄러지고 누르고 놓는 동작을 통해 특정한 방식으로 음악이 나오게 이끈다. 이러한 손의 특징을 잘 활용하고 본능적으로 따라가다 보면 독창적인 조합, 멋진 예술 작품이 탄생한다. 인간의 손 모양과 크기는 모든 종류의 예술, 수공예 작업, 기계 작업은 물론 우리의 생각과 감정에도 강력하고 미묘한 영향을 미친다.

손과 도구, 손과 문화 사이에서 끝없는 대화가 이어진다. 예술 작품은 의식에서 먼저 구상된 다음 별도의 단계로서 손으로 구현되는 게 아니다. 손은 우리를 놀라게 하고 스스로 문제를 창조하고 해결한다. 머리로는 풀리지 않던 수수께끼가 손에 의해 무의식적으로 쉽게 해결되는 경우가 있다. 무용과 연극처럼 운동 에너지를 사용하는 분야에서는 몸 전체가 이런 능력을 발휘한다. 몸이 동기가 되고 도구가 되며 그 자체로 예술 작품이 된다.

몸과 마찬가지로 여러 규칙과 한계는 스타일이나 사회적 관습이라기보다 예술 매체 그 자체, 즉 소리·색·중력·움직임의 물리학에 내재되어 있는 태생적인 요소다. 이 자연법칙이야말로 문화와 역사적 시간의 차이를 뛰어넘어 변하지 않는 예술의 근본이다.

삶에 내재된 규칙 외에 우리가 자발적으로 따르기로 선택한 관습적·비관습적 형식의 규칙이 있다. 우리는 특정 음계, 방식, 리듬, 음정의 범위 안에서 즉흥 연주를 할 수 있다. 삼각형만 그린다든가, 바닥에 밀착해서 춤을 춘다든가, 공중그네 위에서 춤을 춘다든가 하면서 특정한 형태로 즉흥 예술을 할 수도 있다. 이는 예술가가 자기 자신과 맺은 계약에 따라 살아가는 일종의 게임이다. 피카소(Pablo Picasso)는 젊은 시절에 푸른색 계열만 사용해 작품을 그림으로써 완전히 새로운 예술 영역을 개척했다.

구조는 즉흥성에 불을 지핀다. 임의의 형태에 살짝 손을 대는 것만으로도 즉흥 연주가 길을 잃지 않도록 날개를 달아 주거나 혹은 촉매제 역할을 할 수 있다. 규칙이 반드시 형태를 지배하지는 않는다. 다만 예술가의 반응을 예측할 수 없을 때 확실한 반응을 불러일으키는 구체적인 상황을 제시할 수 있다. 여러 프로젝트에서 나와 함께 작업한 뛰어난 작곡가 겸 피아노 연주자인

론 페인(Ron Fein)은 어느 날 녹음실에 잡지, 미술 화보 등 시각 자료를 잔뜩 가져와서는 이를 바이올린과 피아노 즉흥 연주를 위한 '악보'로 사용하자고 제안했다.

이미지는 감정을 불러일으킨다. 미끄러지듯 아래로 떨어지는 자동차 곡선의 그림자는 피아노와 바이올린 사이를 오가는 모티브로서 독특한 하강 음계를 만들어 냈다. 헤어 스프레이 광고처럼 우스꽝스러운 이미지는 숭고하고 감미로운 음악을 끌어냈다. 반면 마티스(Matisse)나 레메디오스 바로(Remedios Varo)의 웅장한 그림에서 나온 음악은 생각보다 지루해서 금방 마무리되었다. 가장 멋진 결과물은 낸 재료는 로스앤젤레스 거리 지도였다. 내가 고속도로를 연주하는 동안 론은 시내 도로를 연주했다. 그 결과 실제 로스앤젤레스 도로는 막히고 혼란스럽고 정체 상태에 가까웠지만, 우리 음악은 아주 경쾌하고 빠르고 활기찼다.

내가 유용하다고 생각한 규칙 하나는 '규칙은 두 가지면 충분하다'라는 것이다. 화음에 관한 규칙이 있다면 리듬에 관한 규칙 하나만 더 있으면 된다. 분위기에 관한 규칙이 하나 있다면 침묵에 관한 규칙 하나만 더 있으면 된다. 그 이상은 필요 없다. 무의식에는 이미 무한한 구조의 레퍼토리가 있으며, 이를 구체화하는 데 필요한 건 약간의 외적 구조다. 우리는 한 쌍의 규칙에 따라 만들어진 영역 안에서 자유롭게 상상력을 펼칠 수 있다. 그 상상의 조각들은 종잡을 수 없는 파편이 아닌 하나의 구체적인 실체로서 서로를 끌어당긴다.

한계는 강도를 높인다. 우리가 스스로 선택한 규칙에 따라 정해진 테메노스에서 연주하다 보면, 힘을 억제할 때 오히려 힘이 증폭된다는 사실을 알게 된다. 일련의 규칙에 헌신하면 다른 방법으로는 불가능했을 깊고 활력 넘치는 연주가 나온다. 작곡가 이고르 스트라빈스키는 말했다. "제약이 많을수록 정신을 속박하는 족쇄로부터 더욱 자유로워진다. 자유재량은 연주의 정밀도를 높여 줄 뿐이다."[37]

매체의 한계 안에서 작업을 하다 보면 스스로의 한계를 바꿔야 할 필요성을 느낀다. 즉흥 작업이란 단지 '자유로워지기 위해' 형식과 한계를 깨는 일이 아니라 오히려 이를 자신을 뛰어넘는 수단으로 사용하는 일이다. 기계적으로 형식을 적용하면 진부하거나 현학적인 혹은 지극히 평범해서 재미없는 결과로 이어진다. 하지만 적절하게 활용된 형식은 자유를 얻는 수단, 놀이하는 마음을 해방함으로써 창조적 놀라움을 발견하게 하는 도구가 될 수 있다. 시인 웬델 베리(Wendell Berry)는 다음과 같이 썼다.

두 종류의 뮤즈가 있다. 하나는 말로 표현하기 힘든 목표와 욕구를 심어 주는 영감의 뮤즈고, 다른 하나는 잊을 만하면 나타나서 '네 생각보다 훨씬 더 어려운 일이야'라고 반복해서 일깨우는 현실의 뮤즈다. 현실의 뮤즈가 바로 형식의 뮤즈다. … 형식은 우리를 당황하게 만들고 의도한 길에서 벗어나게 하는 장애물로 작용할 때 가장 큰 도움이 되곤 한다. 더 이상 무엇을 해야 할지 모를 때 우리는 진정한 작업을 시작하고, 어디로 가야 할지 모를 때 비로소 진짜 여정에 오르기 때문이다. 좌절해 보지 않은 사람은 제대로 일하지 않는다. 장애물에 부딪힌 시냇물이 노래하는 법이다.[38]

특정 가치들이 좁은 한계 속에 갇혀 있으면 다른 가치들은 그만큼 더 자유로워진다. 예를 들어 현악 사중주, 독주, 기타 제한된 형식의 연주가 교향악보다 더 강렬하게 감정을 전달하기도 하고 흑백 사진이 컬러 사진보다 더 깊은 호소력을 가지기도 한다. 라가 또는 재즈 독주에서는 소리의 영역이 제한되지만 그래서 오히려 엄청난 창의력이 발휘된다. 어떤 색이든 다 쓸 수 있다면 방대한 자유 속에서 갈피를 잡기 어렵다. 한 차원이 제한되면 다른 차원에서는 표현이 더 자유로워진다.

내가 발견한 한 가지 효과적인 방법은 60초 이내에 시작, 절정, 종결이 분명한 즉흥곡 하나를 단숨에 연주하는 것이다. 친구들과 함께하는 집단 즉흥 연주라면 특히 효과적이다. 짧은 즉흥곡이라는 점이 하나의 한계 요소가 되어 다른 차원에서 완전한 자유를 누리게 해 준다. 다행히 위대한 예술을 창조해야 한다는 부담스러운 조건은 없다. 물론 단 40~50초 만에 놀랍도록 강렬한 연주를 선보일 수도 있다. 20세기의 주요 작곡가 중 한 명인 안톤 베버른(Anton Webern)은 짧은 길이의 곡을 많이 썼는데, 그

곡들은 연주자들 사이에 명료함과 심오함의 모델이 되었다.

제한된 놀이 공간에서는 놀이가 더 풍부하고 미묘해진다. 우리는 보통 주어진 상황과 도구로 최상의 결과를 끌어내는 법을 배우지 못한다. 고전 음악 연주자는 커다란 연주회장을 가득 채울 만큼 큰 소리로 연주하라고 배운다. 록 음악가들은 작은 공간에서도 경기장을 가득 채울 듯이 소리를 증폭시킨다. 하지만 관객이 적은 작은 공간에서 연주하거나 녹음을 할 때는 가장 부드러운 소리와 가장 큰 소리 사이의 음폭을 극대화해 숨소리도 거의 내지 않은 채 미세하게 현을 울리는 연주가 가능하다.

대중 연설가 중에는 자신의 폐활량으로 공간을 꽉 채워야 한다는 강박이라도 있는 것처럼 마이크에 대고 소리를 지르는 사람이 있는가 하면, 속삭이듯 조곤조곤 말해도 앰프가 알아서 소리를 키워 주리란 사실을 아는 사람도 있다. 후자는 강조할 대목을 큰 목소리로 말하기보다 부드럽고 친밀하면서 미묘하고 암시적인 목소리로 이야기한다. 속삭이는 말은 놀라울 정도로 효과적이다. 이렇듯 때로는 제한된 공간이나 상황 때문에 겪는 어려움이 창조력에 불을 붙이는 기폭제 역할을 한다.

브리콜라주(bricolage)라는 프랑스 단어는 손에 잡히는 재료로 무언가를 만든다는 뜻이다. 이 단어의 사람명사는 브리콜뢰르(bricoleur)로 무엇이든 고치고 만들 수 있는 만능재주꾼 또는 손재주꾼을 말한다. 브리콜라주의 힘은 대중 영화에서 자주 묘사되는데, 다목적 군용칼 한 자루를 가지고 기지를 발휘해 세상을 구하는 영웅이 대표적이다. 비유하자면 한계에 도전하는 예술가가 바로 이런 영웅, 브리콜뢰르다.

어린아이들에게서도 브리콜라주를 엿볼 수 있다. 아이들은 바닥에 놓인 게 무엇이든, 아침 식탁에서 수집한 정보가 무엇이든, 그것을 놀이에 써먹는다. 꿈과 신화도 같은 방식으로 작동한다. 꿈속에서 우리는 그날 일어난 모든 일, 자료와 사건의 조각들을 가져와 개인적인 신화의 상징으로 변형한다.

창조 행위는 작은 모자에서 여러 마리의 토끼를 끄집어내는 마술과 닮았다. 위대한 마술처럼 유기체의 성장과 진화는 투입보다 산출이 훨씬 크다. 정보, 복잡성, 풍요로움 같은 순익이 발생하기 때문이다. 브리콜라주는 수학자들이 '우아함[elegance]'이라고 부르는 것, 즉 한 줄의 생각에 많은 함의와 결과가 담긴 진술의 경제성을 가지고 있다. 같은 맥락에서 베토벤은 자신이 가장 좋아하는 작곡가 헨델(Georg Friedrich Händel)에 관해 쓰면서 음악의 척도를 "부족한 수단으로 위대한 결과를 만들어 내는 일"이라고 표현했다.

놀랍게도 베토벤은 오직 음계로만 음악을 만들었다. 일반적으로 음계는 음악에서 가장 기초적이고 지루한 요소라고 생각되지만, 베토벤의 손을 거친 음계는 그저 단순한 음계가 아니다. 그것은 새의 비행이나 산맥의 굴곡처럼 그 자체로 하나의 자연 현상이다. 음 하나하나가 개별성을 띠고 있으며, 각자의 비중과 균형·질감·색깔을 지니면서 뒤따르는 음과 관계를 형성한다. 이러한 맥락 속의 맥락, 끊임없는 변화, 감각은 오직 살아 있는 유기체에서만 가능하다.

현악기 장인 안토니오 스트라디바리(Antonio Stradivari)는 베네치아 부두에서 노로 사용하다 버려진 나무로 세상에서 가장 아름다운 바이올린을 만들었다. 미켈란젤로가 거친 대리석 덩어리에서 다비드를 찾아내고 마르지 않은 프레스코 회벽에서 숨은 성인들을 찾아냈듯이, 스트라디바리의 상상력 안에서는 버려진 나무 조각 속에 존재하는 완성된 바이올린이 생생하게 보였던 것이다.

마찬가지로 아이의 상상력 안에서 나뭇가지는 사람이 될 수 있고 다리가 될 수 있으며 나무가 될 수도 있다. 이러한 창조적인 시각을 통한 전환은 매일의 현실에서 연금술을 실현하는 것과 같다. 브리콜라주를 하면서 우리는 손에 잡히는 평범한 재료에 새로운 생명을 불어넣는다. 연금술사가 '초록색 금[green gold]'을 만들듯이 말이다. 전환의 핵심은 얻을 것도 없고 잃을 것도 없는 마음 상태, 도구의 한계와 저항을 받아들이는 자세, 놀이하는 마음이다.

이야기 속 피리 연주자는 스승의 감동적인 음악이 새 피리나 그것을 연주하는 방법 덕분이라는 착각을 버려야 했다. 중요한 건 새 피리가 아니다. 우리는 종종 스트라디바리우스(스트라디바리 가문 혹은 안토니오 스트라디바리가 만든 악기) 같은 훌륭한 악기, 성능이 뛰어난 컴퓨터, 완벽한 시설을 갖춘 작업실이 있다면 뭐든지 해낼 수 있다고 생각한다. 하지만 예술가는 싸구려 악기로도 음악을 만들 수 있다. 예술가다운 태도에는 적당량의 브리콜라주 요소가 들어 있다. 그것이 눈앞에 놓인 가능성을 보게 해 주고 평범한 악기로도 비범한 연주를 가능하게 해 준다.

실수의 힘

실수를 두려워하지 말라. 쓸모없는 실수란 없다.

- 마일스 데이비스(재즈 음악가)

누구나 진주가 어떻게 만들어지는지 알고 있다. 모래알 하나가 우연히 껍데기 안으로 들어가면 조개는 부드럽고 진득한 점액을 분비해 모래알을 겹겹이 감싸고, 나중에 이 점액이 미세한 층으로 굳어져 동그랗고 단단하며 아름답게 빛나는 진주가 된다. 조개는 모래알과 자기 자신을 새로운 형태로 변형한다. 실수로 자기 안에 들어온 이물질을 받아들이고 본성에 따라 형태를 완성한다. 만약 조개에게 손이 있었다면 진주는 없었을 것이다. 오랫동안 아픔을 겪을 수밖에 없었기에 진주가 탄생한 것이다.

학교나 직장에서 예술이나 운동을 배울 때, 우리는 실수를 두려워하고 숨기거나 피하라고 배운다. 하지만 실수에는 헤아릴 수 없을 만큼 큰 가치가 있다. 먼저 배움의 원재료로서의 가치가 있다. 실수하지 않는다면 우리는 아무것도 배울 수 없다. 수년간

IBM 회장을 지낸 톰 왓슨(Tom Watson)은 "좋은 판단은 경험에서 나온다. 그리고 경험은 나쁜 판단에서 나온다"라고 말했다. 이보다 더 중요한 사실은 실수와 사고가 결국에는 진주가 될 이물질이라는 점이다. 실수는 예상치 못한 기회를 제공하고 그 자체로 신선한 영감의 원천이 될 수 있다. 우리가 장애물을 장식품으로 활용하고 탐구할 만한 가치가 있는 기회로 여긴다면 말이다.

물론 실수의 힘을 알고 사용한다고 해서 모든 일이 순조롭게 해결되는 건 아니다. 연습은 스스로를 고치고 다듬는 일, 즉 더 명확하고 믿을 수 있는 기술을 연마하는 데 뿌리를 둔다. 하지만 실수가 발생했을 때 이를 기술 연마를 위한 귀중한 정보로 여기거나 진주를 만들 모래알로 받아들일 수 있다.

프로이트(Sigmund Freud)는 혀가 미끄러져 생기는 말실수가 무의식을 드러내는 흥미로운 재료임을 밝혔다. 무의식은 예술가에게 생명과도 같아서 안팎으로 귀중한 정보를 담은 모든 실수와 실언을 소중히 여겨야 한다. 삶과 기술이 더 명료하고 뚜렷한 개성을 향해 발전해 갈수록 우리는 이러한 중요한 실수와 사고를 알아보는 눈을 가지게 된다. 자신이 저지른 실수, 운명적인 사고, 심지어 자신의 약점까지 유리한 요소로 바꿀 수 있다.

예술 작업을 하다 보면 외부 세상의 방해로 궤도에서 벗어나 방향을 전환하는 경우가 있다. 잘못될 일은 어차피 잘못되게 되어 있다는 머피의 법칙을 연주자는 매일 매시간 경험한다. 공연 전에 꼭 악기, 녹음기, 프로젝터, 컴퓨터, 음향기기, 조명기기

중 하나에 문제가 생긴다. 연주자가 아플 수도 있다. 중요한 역할을 맡은 스태프가 마지막 순간에 일을 그만두거나 연인과 헤어져서 정신적으로 맡은 일을 제대로 하기 힘든 상황이 벌어지기도 한다. 그런데 이런 예기치 못한 최악의 상황에서 오히려 가장 기발한 해결책이 떠오르고 즉석에서 최고의 창조력을 발휘하게 된다.

공연 직전에 장비가 고장 났다면 어떻게 해야 할까? 일요일 밤이라 상점들이 일찍 문을 닫아서 고칠 수도 없고, 한 시간 후면 관객들이 몰려들 것이다. 이런 상황에서는 즉흥적으로 새롭고 기발한 장치를 만들어 내는 브리콜라주에 도전해야 한다. 그러다 보면 최고의 순간을 맞이하게 된다. 평범한 물건이나 쓰레기가 중요한 작업 재료가 되고, 필요한 것과 필요하지 않은 것에 대한 인식이 완전히 달라진다.

내가 공연을 하면서 가장 좋아하는 부분은 이처럼 전혀 예상치 못한 대형 사고가 일어날 수 있다는 점이다. 선문답에서 보듯이, 우리는 때로 방해 요소가 창조적인 해답이 되도록 관점을 전환함으로써 삶을 창조해 나간다. 불현듯 일어나는 사고를 우리 작업의 흐름에 포함시킴으로써 새로운 시각으로 상황을 바라보고 그 안에서 숨겨진 가치와 해답을 찾을 수 있다.

언젠가 멀티스크린 슬라이드 프로젝터와 내가 직접 작곡한 전자 음악을 가지고 대규모 저녁 시(詩) 공연을 준비하던 중이었다. 지난주에 과다한 리허설을 하는 과정에서 후두염에 걸렸고,

공연 당일 아침에 일어나 보니 심한 열에다가 목소리까지 엉망이었다. 공연을 취소할까 생각했지만 그러기 싫었다. 대신 내가 만든 음악에 대한 애착을 내려놓고 음향기기로 목소리를 증폭하기로 했다. 나는 휠체어에 앉아 마이크에 대고 쉰 목소리로 말하기 시작했다. 증폭되어 나오는 부드러우면서도 서늘한, 어딘가 사로잡혀 있는 듯한 허스키한 목소리는 예상치 못한 악기로 변신해 내가 읊는 시에 새로운 깊이를 더해 주었다.

바이올린을 연주하다 보면 실수를 할 수 있다. 1, 2, 3, 6 포지션을 반복하던 상황에서 실수로 1, 2, 3, 7, 6 포지션을 짚었다고 해 보자. 이때 실수로 짚은 운지가 악보와 어긋난다는 사실은 중요하지 않다. 그다음 순간 어떻게 하는지가 중요하다. 방금 생긴 일을 실수로 여기고 죄책감을 느끼면서 다시는 이런 실수를 하지 말자고 다짐하는 식의 전통적인 태도를 취할 수 있다. 아니면 어쩌다가 다르게 짚은 운지를 반복하고 증폭하면서 새로운 유형으로 발전시킬 수도 있다. 또는 기존의 유형과 새로운 유형을 모두 가져가면서 두 가지를 결합한 뜻밖의 맥락을 발견할 수도 있다.

또 다른 사고가 발생할 수도 있다. 밤안개가 옅게 낀 언덕에서 야외 연주를 하고 있다고 상상해 보자. 낭만적인가? 그렇긴 하지만 습한 날씨가 문제다. 추위와 습기는 바이올린 현을 느슨하게 해서 음정을 엇나가게 만든다. 그런데 음이 맞지 않는다는 기준은 무엇일까? 그것은 자신이 미리 머릿속에 그려 둔 음과 다르다는 뜻이다. 이 경우에도 세 가지 접근 방식이 있다.

첫째, 줄을 조여 음을 다시 원래대로 맞추고 아무 일 없다는 듯 연주하는 것이다. 정치인들이 말하는 '버티기' 전략이다. 둘째, 늘어진 현으로 연주하면서 새로운 화음과 음색을 찾아내는 방법이 있다. 낮은음을 내는 두꺼운 현이 느슨해지면 음정이 더 낮아질 뿐 아니라 팽팽함이 덜해져서 활의 무게에 더 쉽게 반응한다. 이때 활을 가볍게 쓰면 숨소리가 섞인 듯 공명이 더 큰 음색을 만들어 내는데, 비올라의 낮은 음역대를 들려주듯 연주하면 정말 재미있다. 셋째, 다른 현과 어울려 새롭고 흥미로운 화음이 나올 때까지 현악기 표준 조율과는 다른 방식으로 조율해 볼 수 있다. 이는 이탈리아 바이올린 연주자들이 좋아하던 변칙조율법인 스코르다투라(scordatura) 기법이다. 이렇게 하면 전에 없던 소리 형태를 가진 새로운 악기가 만들어진다. 위대한 도예가이자 시인인 메리 캐롤라인 리처즈(Mary Caroline Richards)가 남긴 말이 떠오른다. "시는 종종 엉뚱한 창문을 통해 들어온다."[39]

컴퓨터 그래픽 사고는 어떨까? 화면에 그림을 그린 다음 나중에 불러올 수 있는 데이터로 저장할 수 있는 프로그램을 사용하고 있다고 생각해 보자. 어제 작업한 그림 데이터를 불러오려고 하는데 키를 잘못 눌러서 우편번호 색인이 열렸다. 수천 개의 우편번호가 추상적인 색과 패턴으로 빛나며 화면을 가득 채우면서 다른 세상의 풍경 같은 놀랍고 아름다운 장면이 연출된다. 이 우연한 실수로부터 수십 개의 새로운 작품을 만드는 데 사용하는 기법을 발전시킬 수 있다.

우리가 잘 알고 있듯이 과학의 역사에는 실수와 사고로 중대한 발견이 이루어진 사례가 많다. 플레밍(Alexander Fleming)은 박테리아 배양 접시에 날아든 먼지로 인해 생긴 곰팡이 덕분에 페니실린을 발견했고, 뢴트겐(Wilhelm Conrad Röntgen)은 감광판을 부주의하게 다루었다가 X선을 발견했다. '망한 데이터'라고 치부할 만한 기이한 사고와 실수가 최고의 결과로 이어지는 경우가 적지 않다. 수많은 영적 전통에서는 우리가 사소하게 여기는 가치를 재발견하고 인식해야 한다고 강조한다. 다윗의 시편에 "건축가들이 버린 돌이 집의 주춧돌이 되었다"[40]라는 구절이 있듯이 말이다.

실수의 힘은 창의력을 재구성하고 새로운 각도로 발휘할 수 있게 해 준다. 때로는 스스로를 탓하고 채찍질했던 잘못이 최고의 결과를 낳는 씨앗이 될 수 있다. 그리스도교에서는 이러한 깨달음을 펠릭스 쿨파(felix culpa), 즉 '복된 죄'라고 말한다. 예술 작업에서 가장 골치 아프고 불안하고 좌절감을 안겨 주는 부분이 사실은 성장의 시작점일 수 있다. 내 안의 선입견이나 자만심을 버리는 순간, 그런 기회가 눈에 들어오기 시작한다.

인생은 진주를 만드는 데 사용할 수 있는 수많은 자극을 우리에게 던져 준다. 여기에는 우리를 괴롭히고 짜증 나게 하는 사람도 포함된다. 때로는 삶을 지옥으로 만드는 속 좁은 폭군에게 사로잡히기도 한다. 이런 상황에 갇히면 당장은 힘들지만, 놀라운 방식으로 내면의 자원을 가다듬고 집중함으로써 그것을 동력으로 삼을 수 있다. 그러면 그저 상황에 희생당하는 존재가 아닌 상황을 창조의 도구로 활용하는 경지에 이르게 된다. 이는 주짓수의 원리이기도 하다. 나를 공격하는 상대방의 힘을 이용해 상대방을 제압하는 것이다. 넘어졌다면, 넘어진 그 지점에서 반동을 이용해 일어나면 된다.

베트남 출신 불교 승려이자 시인인 틱낫한 스님은 '전화 명상'이라는 재미있는 수행법을 창안했다. 전화벨이 울리면 자동으로 몸을 일으켜 전화를 받으려고 하는 우리의 본능은 명상과 정반대인 것처럼 보인다. 전화벨 소리에 반응하는 모습은 우리가 뚝뚝 끊어지고 불안하고 초조한 방식으로 세상을 살아가고 있음을 잘 보여 준다. 틱낫한 스님은 첫 번째 벨소리를 알아차림의 계기로 삼으라고 말한다. 무엇을 하고 있었든 간에 첫 전화벨이 울리는 순간 마음챙김하고 호흡하면서 자신의 중심에 집중한다. 두 번째와 세 번째 벨소리가 들리면 호흡하고 미소 짓는다. 전화를 건 사람이 나와 통화하기를 원한다면 네 번째 벨까지는 기다려 줄 테고, 그사이 나는 전화받을 준비가 될 것이다.

틱낫한 스님이 전화 명상을 통해 말하고자 하는 것은 마음챙김, 수행, 시 짓기 등 모든 일이 완벽한 시간과 장소에서만 가능한 게 아니라는 점이다. 우리에게 긴장과 압박을 가하는 사회적 도구를 잘 활용하면 오히려 긴장과 압박을 완화하는 방편으로 삼을 수 있다. 틱낫한 스님이 귀를 찢을 듯한 헬리콥터 소리와 폭탄 굉음으로 가득한 전장의 한복판에서도 "들어 봐요. 이 소리가 나를 진정한 나로 돌아가게 해 줍니다"라고 말할 수 있었던 이유가 바로 여기에 있다.

다차원적 세계로의 초대, 공동 작업

하나를 알기 위해서는 둘이 필요하다.

— 그레고리 베이트슨(인류학자)

합동 연주의 아름다움은 하나가 되어 만난다는 점이다. 서로 다른 배경과 경험을 가진 두 음악가가 만나 겨우 한두 마디 말을 나누고 함께 즉흥 연주를 하면서 곡의 완전성과 구조를 보여 주며 그 안에서 명료하게 소통하는 모습은 놀라울 따름이다.

나와 동료는 함께 연주하면서 서로의 소리를 듣고 그 소리를 반영하며 소리로써 연결된다. 그는 내가 어디로 갈지 모르고 나도 그가 어디로 갈지 모른다. 하지만 서로의 방향을 예상하고 느끼고 이끌고 따라간다. 구조나 방식을 미리 상의하지 않았어도 5초 정도 연주가 이어지면 어느새 구조가 만들어진다. 우리 안에서 무언가가 이미 시작되었기 때문이다. 마치 마트료시카 인형처럼 우리는 서로의 마음을 한 겹 한 겹 열어 간다. 신비로운 정보가 눈으로 보거나 귀로 듣는 그 어떤 신호보다 빠르게 교환된다.

합동 즉흥 연주에서는 각자의 고유한 특성과 스타일, 즉 본성이 여전히 자연스러운 힘을 발휘하지만 이는 어느 한 명에게서 나온 것이 아니다. 그렇다고 타협이나 양보를 통해 중간 지점을 택한 것도 아니다(평균은 언제나 지루하지 않은가!). 합동 연주는 둘 중 한 사람의 개별적인 연주와는 다른 제3의 영역에서 만들어진다. 그 순간 두 사람 모두에게 신의 계시가 찾아온다. 지금껏 경험하지 못한 완전히 새로운 무언가가 서로를 강하게 이끈다. 마치 각자의 본성과 방식을 지닌 공동의 유기체가 되어 공동의 개성과 뇌를 가지고 고유하고 예측할 수 없는 방식으로 행동하는 듯하다.

앞서 일상의 대화도 즉흥 작업 중 하나라고 이야기한 바 있다. 사실 대화는 일반적인 즉흥 작업이 아닌 공동의 즉흥 작업이다. 우리는 새로운 사람을 만나면 공동의 언어를 창조한다. 이 과정에서 감정과 정보가 절묘하게 조화를 이루며 오간다. 대화가 통한다는 건 역시나 중간에서 만나는 일이 아니다. 두 사람의 내면에서 새로운 무언가를 끌어내는 일이다.

어떤 일은 혼자 하기에 너무 버겁거나 단순히 친구와 함께 하는 게 더 재미있기도 하다. 두 경우 모두 도전적이고 유익한 협력의 세계로 우리를 이끈다. 예술가들이 협업할 때는 한계가 가진 힘의 새로운 차원에 도전하게 된다. 각자의 특성과 스타일이 달라서 서로 보완하고 도전해야 하기 때문이다. 공동 작업자들은 서로 다른 강점과 한계를 가지고 있어서 서로에게 자극이 되고 영감을 주기도 한다. 진주를 만들기 위한 이물질이 되어 주는 셈이다.

여기서 우리는 명백한 진실임에도 자주 언급되지 않는 부분을 돌아봐야 한다. 개성과 스타일이 다르다는 건 창조 스타일 또한 다르다는 뜻이다. 창조성에 대한 단일한 정의를 내리기란 불가능하다. 따라서 모든 인간관계가 그렇듯 공동 작업에서도 우리는 자아를 확장해 융통성 있고 다차원적인 창조성을 만들어 가야 한다.

이는 필수적 다양성의 법칙으로 이어진다. 하나의 정체성이 다른 정체성과 만나면서 전체 체계의 다양성이 증폭되고, 각 정체성은 상대를 견제하는 동시에 전체 체계의 발전을 촉진한다. 이것이 바로 지구 생명체의 역사에서 일찍이 유성생식(有性生殖)이 나타난 이유다. 한 유전자의 집합이 다른 유전자의 집합과 결혼하거나 결합하면서 양면성과 변화가 가능해지고 풍요로운 진화가 일어나기 때문이다. 유성생식이 아니었다면 진화는 엄청나게 지루한 과정이었을 것이다. 여전히 우리는 원생동물 상태로 존재하면서 유사분열을 통해 따분한 유전자 복제만 반복하며 번식하고 있었을지 모른다.

공동 작업의 장점은 스스로 깨치기보다 다른 사람에게서 배우기가 훨씬 쉽다는 데 있다. 그리고 단독 작업을 할 때 가장 큰 걸림돌인 타성이 공동 작업에서는 거의 존재하지 않는다. A가 B의 에너지를 풀어 주고 B는 A의 에너지를 풀어 준다. 정보가 원활하게 흘러가고 불어난다. 배움이 다차원적으로 이루어지고 활력을 불어넣는 힘이 된다.

물론 공동 작업을 하지 않더라도 친구 관계를 통해 얻는 힘은 엄청나게 크다. 친구는 대화와 지지, 위로, 유머, 공감, 도전과 비평, 반론을 통해 기분 좋게 장벽을 깨 주는 존재이기 때문이다. 우리가 사는 세상은 거대한 놀이판이다. 여기에는 사랑하는 친구뿐 아니라 잘 모르는 사이지만 적시에 적절한 정보를 귀띔해 주는 (혹은 잊고 있던 정보를 상기해 주는) 사람들이 있다. 문득 열네 살 때들렀던 모퉁이에 있는 작은 초록색 음반 가게가 생각난다. 주인아저씨가 나를 부르더니 오래된 바흐의 첼로 모음곡 음반을 건네며 이렇게 말했다. "위대한 파블로 카잘스의 연주를 들어 본 적있니?"

일생에 한두 번 나타날까 말까 한 특별한 영적 친구도 있다. 그들은 깊고 자비로운 이해를 바탕으로 우리가 누구인지, 어떤 사람이 될 수 있는지 알려 준다. 단 몇 마디 말로 우리 삶을 송두리째 뒤바꿔 놓을 수 있는 그런 친구를 우리는 스승이라 부른다. 어쩌면 그들은 "무언가 부족해!"라는 단순한 한 마디로 마음을 표현할지 모른다.

우리는 스스로 탐구하는 과정에서 발견하는 미학적 놀라움을 넘어, 듣고 보고 느끼는 힘으로 공동체에 참여하고 다른 사람과 상호작용한다. 우리가 만들어 내는 공동의 경험은 개인 작업으로 일군 것보다 훨씬 크고 다양한 놀라움을 선사한다. 합동 연주에서는 늘 불협화음이 생길 위험이 있다. 이에 대한 해결책은 규율이다. 하지만 규율이 꼭 '구조에 대해 미리 합의하자'라는 식일 필요는 없다. 규율이란 서로를 알아차리고 배려하고 경청하며 기꺼이 의견 차이를 감수하는 일이다. 다른 사람을 신뢰한다는 건 큰 위험이 따르는 일이며, 이는 자신에 대한 신뢰라는 더 큰 도전과제로 이어진다. 다른 사람에 대한 통제권을 포기함으로써 자신의 무의식을 통제하려는 마음도 내려놓을 수 있다.

음악가들이 자유롭게 주고받는 연주는 다양한 미학적 대화 중 하나에 불과하다. 미디어 간의 협업은 음악가, 시인, 시각 예술가, 무용가, 배우, 조명 디자이너, 영화감독 등 예술가의 삶을 풍요롭게 한다. 이런 작업은 무궁무진한 조합과 순열을 만들어 내고, 새로운 기술은 오랫동안 꿈꿔 온 시각적 음악과 같은 복합 예술·통합 예술을 가능하게 한다.

오늘날은 음악과 미술의 다양한 세계가 만나고 융합해 완전히 새로운 예술이 창조되는 시대다. 우리는 지금 크로스오버 예술의 르네상스를 맞이하고 있다. 동양과 서양이 만나고, 대중음악과 고전음악이 만나고, 즉흥 연주와 치밀하게 짜인 작곡이 만나고, 비디오와 디지털 신시사이저가 만나고, 피타고라스의 모노코드(monochord)가 황홀한 발리 춤과 만난다. 각양각색의 문화가 한데 어우러지고 서로에게 기여하며 비옥한 터전을 만들고 있다.

내 친구 레이첼 로젠탈(Rachel Rosenthal)은 1960년대 로스앤젤레스에서 즉흥극 프로젝트 '인스턴트 시어터(Instant Theater)'를 오랜 기간 이끌었다. 여기서는 극뿐만이 아니라 의상, 세트, 조명도 모두 집단 즉흥 작업으로 이루어졌다. 서로 간의 신뢰와 소통을 바탕으로 진행되는 극에서 스포트라이트가 이동하면 배우들이 뒤따라 움직였다. 다양한 언어를 사용하고 다양한 기술을 가진 다양한 학교 출신의 사람들이 모여 함께 연기하며 생동감 넘치는 연극을 만들어 냈다. 이런 식의 공동 작업은 훨씬 이전에도 존재했지만 확인할 수 있는 구체적인 자료가 남아 있지 않다. 레오나르도 다 빈치가 밀라노 궁정에서 친구들과 함께 음악, 시, 연극으로 구성된 한 편의 오페라를 선보였다는 이야기처럼 (그게 지난주의 일이든 5세기 전의 일이든) 그저 호기심을 자극하는 이야기로 전해질 뿐이다.[41]

《유럽의 예언》속 삽화, 윌리엄 블레이크

예술적 협업은 대본에 따라 작업하는 영화 제작진처럼 철저하게 계획된 구조에 따라 단계적으로 이루어지는 경우가 있는가 하면, 이와 반대로 이끄는 사람이 없이 작업에 참여하는 예술가가 공동으로 책임을 나누며 즉흥적으로 작업하는 경우도 있다.

음악, 무용, 연극 등 공연 예술의 집단 즉흥 작업은 완전히 새로운 인간관계와 신선한 조화로움의 세계로 우리를 초대한다. 이 세계의 구조와 표현 양식과 규칙은 누군가의 권위에 의해 결정되는 것이 아니라 예술가들이 창조해 낸다. 공동의 예술 작업은 인간관계의 표현이자 수단이며 그에 대한 자극이다. 예술가는 작업에서 그리고 작업을 통해 자신만의 사회를 만든다. 집단 즉흥 작업은 오직 상상력으로만 연결된 사람들 간의 직접적인 관계로서 강력하고 독특한 우정을 쌓는 촉매제가 된다. 이들 사이에는 계획이나 의도를 가지고 하는 말이나 행동으로는 얻을 수 없는 친밀감이 존재하는데, 여러모로 이는 미묘하고 풍부하며 즉각적인 연인들의 의사소통과 닮았다.

※

두 개 이상의 서로 다른 리듬 체계가 하나의 박자로 동기화되는 동조[entrainment] 현상이 있다. 예를 들어 건축 현장에서 한 무리의 작업자가 망치질을 할 때, 몇 분이 지나면 마치 서로 약속이라도 한 듯 망치질 소리가 하나의 리듬이 된다. 이처럼 우리 신체의

〈손가락으로 달을 가리키는 포대화상〉, 센가이 기본(仙厓 義梵)

생리적 리듬도 서로 조화를 이룬다. 심지어 거의 같은 주파수에서 작동하는 전자 발진기도 가까이 모아 두면 동조화가 일어난다. 수피교도의 사마 춤에서 황홀경을 일으키는 것도 동조 현상이다. 즉흥 연주자들은 합동 연주를 할 때 이 자연적인 동조 현상에 의지해 음악을 맞춰 가며 함께 숨 쉬고 함께 박자를 타고 함께 생각한다.

동조 현상이 일어나도 모든 소리가 완벽하게 동기화되지는 않는다. 항상 약간의 편차를 유지하면서 찰나의 순간에 끊임없이 정렬하고 서로의 리듬 안에서 얽힌다. 완벽한 조화는 황홀감을 불러일으킬 수도 있지만 지독한 단조로움으로 느껴질 수도 있다. 이는 얼마나 밀고 당기기를 잘하느냐에 달려 있다.

우리는 함께하지 않아도 함께 놀 수 있다. 작가들에게 예술촌이나 도서관은 훌륭한 작업 공간인데, 주변에는 낯선 사람들뿐이고 각자 개인 작업을 하느라 바쁘지만 한 공간에서 일할 때 만들어지는 고요한 리듬이 모두의 작업 능률을 높여 주기 때문이다. 또한 함께함으로써 스스로 집중력을 높이고 작업에 전념할 힘을 얻을 수도 있다. 예를 들어 명상하는 사람이 혼자 가부좌 자세로 30분간 가만히 앉아 있는 건 강한 체력을 요구하는 아주 힘든 일이지만, 여럿이 함께하면 육체적·정신적 도전이 한결 견디기 쉬워지고 일주일 이상의 수련도 가능해진다.

동조 현상은 예술가와 관객을 결속하는 매개체 역할을 한다. 훌륭한 최면술사는 상대방의 호흡에 주의를 기울이고 그 사람의 호흡 타이밍과 결에 맞춰 말하거나 어조를 조절하는 일이 얼마나 중요한지 잘 알고 있다. 이는 관객을 위한 즉흥 음악에도 고스란히 적용된다. 청중의 호흡을 감지하고 증폭하는 법을 배움으로써 경험이 쌓일수록 그들과 호흡을 더 깊이 일치할 수 있게 된다. 이로부터 얻어지는 에너지의 특징은 연주자와 관객, 공간과 시간에 따라 다르다. 바이오피드백(biofeedback)으로 자율신체 반응을 제어하는 경우와 마찬가지로, 이 과정이 어떻게 이루어지는지는 잘 모르지만 그것이 이루어지고 있다는 사실만은 분명히 알 수 있다.

동조 현상이 일어나면 그 순간 분리된 존재로서 관객과 연주자는 사라지고 둘 사이에 은밀한 공모가 일어난다. 서로의 눈을 보며 하나가 되었음을 깨닫고 몸과 마음이 리듬에 맞춰 함께 움직인다. 이런 현상은 무대와 지정된 좌석이 없어서 능동적인 연주자와 수동적인 관객을 구분하는 장벽이 없는 자유로운 공연에서 더 잘 일어난다. 미묘하지만 강력한 동조 현상을 통해 관객, 연주자, 환경은 하나의 유기체로 연결된다. 심지어 같은 공간에 있는 개들도 동조된다. 리듬감 있고 감정적인 장면이 펼쳐지는 가운데 우리는 동시에 발견한다. 표면적으로 우리를 가르던 장벽이 점차 희미해지고 연주자와 관객, 악기와 공간, 바깥의 밤, 우주가 모두 하나가 되어 호흡하고 살아 숨 쉬고 있음을.

질서는 상상력의 날개다

글의 형태는 무수히 많아서 한 가지 방법으로 평가할 수 없다.
손끝만 스쳐도 글은 바뀌고 또 바뀌니, 그 다양한 형태를 포착하기 어렵다.
단어와 구절은 서로 경쟁하지만 여전히 주인은 마음이다.
내면과 외면 사이에 갇힌 작가는 깊이와 표면을 모두 유지하기 위해 애쓴다.
정사각형을 벗어나기도 하고 원을 뛰어넘기도 하면서
진정한 자신의 모습을 찾아 헤맨다. 그는 독자의 눈을 화려함으로 채우고
마음의 가치를 더욱 선명하게 내보일 것이다. 언어가 혼탁한 사람은
해낼 수 없다. 고결한 언어는 맑은 마음에서 나온다.

— 육기(陸機, 중국 서진의 문인)[42]

즉흥 작업에서 구조는 어떻게 만들어질까? 어떻게 하면 순간적인 영감에서 나온 원재료를 더 크고 다듬어진 예술의 형태로 탈바꿈시킬 수 있을까? 이 두 가지 질문을 곰곰이 살펴봄으로써 우리는 자유로운 놀이가 자기 정체성에 대해 스스로 질문하고 답하는 자기조직화 체계임을 알게 된다.

상상력을 자극하는 작품 구조

작곡가 피터 쉬켈(Peter Schickele)은 두 명의 스포츠 캐스터가 떠들썩하게 중계하는 가운데 베토벤 5번 교향곡을 녹음하는 유쾌한 시도를 했다.[43] 지휘자와 오케스트라 단원들이 어떻게 점수를 주고받는지, 호른 연주자가 음을 틀리진 않았는지, 베토벤이 또 다른 재현부를 가지고 연장전에 돌입하는지 등에 대한 중계를 들으면서 관중은 교향곡에 환호를 보내며 즐거워했다.

이 신선한 시도에는 작은 진실이 숨어 있다. 음악을 들으면서 우리는 무의식적으로 끊임없이 질문을 던진다는 사실이다. 호른 멜로디는 어떻게 흘러갈까? 이 변주는 결국 어떻게 마무리될까? 작곡가는 어떻게 원점으로 되돌아갈까? 이 주제의 전개가 오른쪽으로 향할까 왼쪽으로 향할까? 한술 더 떠 인도의 음악 전통에서는 청중이 적극적으로 음악을 감상하고 공개적으로 느낌을 표현한다. 연주 중에 자신의 예감이 들어맞으면 조용히 환호하거나 웃기도 하고, 지루하면 자리에서 일어나 간식을 먹기도 한다. 그러다가도 음악이 절정에 달하면 깊숙이 빠져들어 주의를 집중한다.

우리 마음은 쉴새 없이 '예 또는 아니오'라는 대답을 요구하는 질문을 던지며 상대방의 생각을 추측하는 스무고개 놀이를 한다. 먼저 미지의 영역을 아우르는 포괄적인 질문(살아 있는가 죽었는가? 남자인가 여자인가?)을 던진 다음, 점차 질문을 좁혀 가면서 앞서 던진 질문에 대한 답을 구체화해 나간다. 예를 들어 음악에서는 처음 등장하는 화음, 울림, 리듬이 기대감을 불러일으키고 다음에 무엇이 이어질지 질문하게 한다. 한 소절을 연주하고 나면 다음 소절은 그것과 어울리거나 대조된다. 유형이 강화되거나 조정되거나 깨지는 것이다.

따라서 사전에 정해 놓은 의도가 없다면 즉흥 음악은 역동적으로 스스로 구조를 만들어 나간다. 처음에 어떤 음을 선택할지는 온전히 연주자의 자유다. 하지만 연주가 진행되면서 이전에 선택한 음이 다음 선택할 음에 영향을 미친다. 빈 캔버스나 종이는 '형체 없이 비어 있는(창세기 1:2)' 상태지만 그 위에 점 하나를 찍으면 구체적인 세상이 만들어지고 무한한 창조적 문제가 쏟아져 나온다. 소설을 쓸 때 가방을 든 여자와 컴퓨터 판매원이라는 등장인물을 생각해 내기만 하면 바로 수천 가지 질문이 떠오르고, 그에 대한 답이 이어지면서 소설이 진행되는 식이다.

즉흥 연주는 여러 차례 이런 주기를 거친다. 소리와 침묵이 어느 정도 해결의 지점에 이르렀다가 다시 시작되어 완전히 새로운 길로 뻗어 나가고, 다시 스스로에게 묻고 답하는 과정을 거쳐 실마리를 찾아 나간다. 이 과정에서 실수와 사고, 재능과 영감이 언제든지 새로운 정보를 불러올 수 있다. 음악은 이 모든 변화를 받아들이고 동화하면서 흘러간다. 시간의 흐름 속에서 유형을 찾아내는 이러한 방식은 미켈란젤로가 대리석 덩어리에서 조각상을 드러내는 방법과 유사하다. 조금씩 표면을 걷어 냄으로써 진정한 자아의 윤곽을 찾아가는 것이다.

이 과정을 잘 보여 주는 음악 형식이 역주제(reverse theme)와 변주다. 시벨리우스(Jean Sibelius) 교향곡의 여러 에피소드나 쾰른 콘서트에서 키스 자렛(Keith Jarrett)이 보여 준 강렬한 피아노 즉흥 연주가 대표적인 예다. 이 두 음악가는 주제의 윤곽을 묘사한 다음 변주로 발전시키는 방식이 아닌, 아직 밝혀지지 않은 주제로부터 멀리 떨어져 있고 많은 수식과 기교가 담긴 변주부터 시작한다. (역으로) 곡이 전개됨에 따라 점차 수식과 기교는 사라지고 그 안에 숨은 단순한 주제가 서서히 모습을 드러낸다. 마침내 기본 모티브가 완전히 드러났을 때 청중은 충격을 경험한다. 이런 역주제 형식은 뒤늦게 드러나는 필연성에서 오는 즐거움은 물론 근본적인 것과 장식적인 것 사이에서 벌어지는 역동적인 상호작용이라는 특별한 미적 쾌감을 선사한다.

질문과 대답이 펼쳐질 때 우리는 추리 소설을 읽듯 무언가를 발견하고 단서를 따라가며 짜릿함을 느낀다. 복잡하게 얽히고 설킨 가상의 살인 사건에서 독자는 문제를 단순화할 수 있는 열쇠, 즉 누가 살인자인지를 찾는다. 음악에서도 마찬가지다. 청중은 즉흥 연주가 펼쳐지는 동안 키보드 건반 위아래를 넘나드는 모든 음을 단순화하면서, 이 곡에 등장하는 수많은 소재 가운데 '이 모든 것을 만들어 내는 주제·양식·감정의 심층 구조는 무엇일까?'라는 질문에 대한 답을 찾고자 한다.

문학에서는 이러한 자기 추진력을 가진 작품을 '책장이 술술 넘어가는 흥미진진한 책'이라고 표현한다. TV 드라마도 같은 방식으로 돌아간다. 변화를 암시하면서 끝나는 매회 마지막 장면은 시청자들 마음속에 수많은 질문을 떠오르게 하고 다음 회가 나오길 애타게 기다리게 만든다. 그리고 다음 회에 이전 장면에 대한 답이 나오면 그것이 또 다른 질문을 불러온다.

묻고 답하기는 음악, 의식, 연극, 무용의 가장 오래된 형태 중 하나다. 그 기원은 아마도 아기가 엄마를 그대로 따라 하는 미러링(mirroring) 상호작용일 것이다.

미학의 비결은 이처럼 끝없이 이어지는 대화와 예상대로 흐르거나 반전되는 상황 사이의 미묘한 균형을 유지하는 데 있다. 모든 형식이 이 과정을 담는 그릇이 될 수 있다. 분명한 선율을 가진 모차르트나 비틀스의 음악이든, 실험적이고 전위적인 쉰베르크나 콜트레인(John Coltrane)의 음악이든, 식별 가능한 멜로디는 듣는 사람의 기대감을 격자무늬로 촘촘히 엮는다. 청중은 자신이 들은 멜로디를 모델링한 다음 이어지는 멜로디와 비교하며 공통점과 차이점을 찾는다.

예술을 읽고 듣고 보는 행위는 능동적인 반응이자 예술과의 대화다. 창조적인 연구는 계속해서 질문을 끌어낸다. 질문에서 답을 얻으면 거기서 또 다른 질문이 생겨나고, 다시 답을 얻으면 그 답이 다른 질문으로 이어진다. 우리는 책을 읽으면서 책을 재창조한다. 스무고개 게임에서와 마찬가지로 가장자리에서 시작해 나선형을 그리며 중심부에 접근한다. 그래서 몇 달 혹은 몇 년 후에 같은 책을 다시 읽거나 같은 음악을 다시 들어 보면 더 새롭고 총체적인 의미, 이전에는 미처 몰랐던 부분이나 더 깊은 차원을 발견할 수도 있다.

위대한 과학적 발견 역시 사물을 더 깊은 차원에서 설명해 주는 근원적인 설계나 주제를 마주함으로써 불현듯 복잡해 보이던 우주의 수수께끼가 해결되는 순간 이루어진다. 가설이나 논제를 버리고 점차 더 명확하고 일관된 패턴과 원리에 초점을 맞추다 보면 놀라움, 실수, 사고, 변칙, 수수께끼 등이 나타나 우리를 좌절하게 만들지만 결국은 이러한 발견들이 우리의 마음 밭을 비옥하게 해 준다. 이 발견들이 새로운 발견으로 이어지고, 그 발견은 다시 새로운 단계의 복잡성을 만들어 내면서 무한히 반복된다.

아인슈타인은 뉴턴의 법칙을 뒤집거나 무효화하지 않았다. 오히려 기존의 익숙한 역학 법칙과 새롭고 낯선 전자기 현상을 모두 포괄하는 더 깊은 맥락을 발견해 냈다. 아이디어의 진화 과정에서는 실수와 사고에 대한 거부, 특이한 현상으로서 받아들임, 과거의 가치 체계를 포함하는 더 풍부하고 복잡한 체계로의 통합이라는 수축과 이완의 리듬이 발생하기 마련이다.

창조는 무에서 유를 만들거나 카오스를 패턴으로 대체하는 일이 아니다. 카오스란 없다. 그저 패턴을 지정하는 규칙이 너무 복잡해서 몇 번 보고 나면 지겨워질 만큼 거대한 살아 있는 세계가 존재할 뿐이다. 창조적 행위는 엄청난 양의 복잡성을 단순하고 만족스러운 개념으로 바꿔 주는 좀 더 포괄적인 형태나 과정을 끌어낸다.

농담은 이 모든 과정을 단 몇 초 만에 끝낸다. 농담의 첫 마디는 앞으로 무슨 이야기가 펼쳐질지 예상하게 한다. 그러나 다음에 이어지는 말은 예상을 완전히 뒤엎고 새로운 시각을 던져 준다. 예술 역시 같은 방식으로 우리를 놀라게 하고 기존의 틀을 깨부순다. 그러면서 한편으로 해결되지 않은 모호함을 남기기도 한다. 예술에서 기교 섞인 구성은 예상치 못한 반전과 방향 전환이 마치 예정된 일처럼 느껴지게 하거나 확실하다고 여겼던 부분에서 예상치 못한 놀라움을 선사한다.

이러한 원리는 토마스 만(Thomas Mann)과 같은 대문호의 작품에서 더 큰 규모로 적용된다. 그는 소설의 3쪽에서 독자가 의식적으로 알아차릴 수 없는 질감과 긴장감을 자아내는 장치로서 여는 괄호 이미지의 절반만을 보여 준다. 그리고 283쪽에서 같은 크기의 닫는 괄호 이미지를 보여 줌으로써 풍부한 맥락을 드러낸다. 그때서야 독자는 작가가 어떤 이야기를 하고자 했는지 깨닫는다. 이처럼 멀리 떨어져 있는 이미지와 아이디어는 작품의 전체 구조를 하나의 메타 패턴으로 엮어 주는 역할을 한다.

우리가 다음 내용을 모르면서도 그것을 마주할 준비가 되어 있는 이유는 앞서 나온 패턴 때문이다. 각 이미지는 독자에게 사전적인, 어쩌면 전의식적인 패턴을 제공하며 이를 통해 소설은 여러 방향으로 이야기를 확장하면서도 전체성을 유지할 수 있다. 소설의 예술은 너무 많지도, 그렇다고 너무 적지도 않은 정보를 제공함으로써 독자가 적극적인 상상력을 발휘할 수 있도록 최적의 환경을 만들어 주는 데 있다. 최고의 예술은 독자의 행동 능력을 일깨우는 것이다.

즉흥 연주에서든 작곡에서든 핵심은 매 순간을 매력적으로 만들어서 다음 순간을 기대하게 하는 것이다. 우리는 뒤늦게 드러난 필연성에 휘둘리길 좋아한다. 연주자가 위험한 상황에 처했다가 극적으로 다시 돌아와 전체 여정을 더 의미 있고 입체감 있게 만들어 가는 모습을 지켜보길 좋아한다. 고전주의나 낭만주의 작곡가들이 선택한 전통적인 소나타 형식에서도 이와 같은 긴장감을 느낄 수 있다. 먼저 소재가 밝혀지고 정교하게 묘사되다가 화려한 기교를 거쳐 전환한 뒤 다시 처음으로 돌아온다. 마치 마트료시카 인형을 하나씩 열다가 마침내 마지막 상자를 열었을 때 다시 첫 번째 상자가 나오는 듯한 느낌이다. 바흐, 바르토크(Bela Bartók), 몬테베르디(Claudio Monteverdi)가 작곡한 푸가나 캐논 등의 다성(多聲) 음악이 큰 사랑을 받고 만족감을 주는 이유 역시 결국 하나로 수렴되는 평행 우주 속으로 우리를 끌어들이기 때문이다.

음악, 문학, 영화 속 엔딩을 살펴보라. 갑자기 흐름이 멈추는가 아니면 나름의 방식으로 마무리를 짓는가? 마지막 순간은 첫 번째 순간이 궁극적으로 꽃피는 순간이 될 수 있다. 그 사이의 모든 순간이 서로 연결되고 얽혀 있다. 마침내 결말에 도달했을 때 우리는 만족감을 느낀다. 이는 종종 웃음, 눈물 또는 감동받는 순간에 나타나는 또 다른 신체적 징후를 동반한다. 작품이 잘 마무리되었는지는 연주자와 관객 모두가 즉각적으로 알 수 있다.

하지만 작품이 성공하기 위해 반드시 푸가, 주제와 변주, 소나타, 론도 등의 정해진 형식을 갖춰야 하는 건 아니다. 예술 작품을 구성하는 방법은 수만 가지가 있다. 즉흥적으로 작업을 하든 미리 짜인 대본이 있든, 춤으로 표현하든 그림으로 표현하든 상관없이 예술 작품은 각자의 구조를 가지고 나름의 세상을 만들어 간다. '창조하다(create)'라는 단어는 '자라나게 하다'라는 말에서 유래했다. 우리는 상상력을 펼치고 또 한데로 모으기 위해 일련의 규칙을 세운다. 놀이가 흘러가도록 새로운 진행 규칙, 새로운 통로를 만드는 것이다.

다듬기, 작품과 교감하는 시간

자유로운 즉흥 연주에서 우리는 소리와 침묵을 연주한다. 연주가 시작되면 그 소리와 침묵은 영원히 사라진다. 책 집필, 교향악 연주, 연극, 연구 프로젝트 참여, 영화 촬영 등 더 큰 규모의 작업에서는 수많은 영감을 받아들이고 하나로 섞은 뒤 그 자체로 완결성을 지니고 시간이 지나도 지속되는 흐름의 구조를 만든다. 잠깐 스치듯 일어나는 순간의 감정과 생각은 다듬어지고 색이 입혀지고 편집되고 정제되는 과정을 거쳐 서서히 형상화되어 대중에게 보여진다. 이는 조각가가 돌을 깎아 낸 다음 표면을 매끄럽게 다듬는 단계, 화가가 초벌 그림 위에 재해석한 이미지를 겹겹이 덧입혀 풍부하게 만드는 단계다.

뮤즈는 날 것 그대로의 영감, 번뜩임, 즉흥적으로 예술이 흘러나오는 순간을 선사한다. 뿐만 아니라 만들어 낸 것을 다듬고 맞추고 조정하면서 균형을 잡는 기술적이고 조직적인 작업도 가능하게 한다. 그렇게 우리는 흩어진 날것의 영감을 정리하고 요리하고 소화한다. 더하고 빼고 재구성하고 바꾸고 깨뜨리고 뒤섞는다. 수정과 편집이라는 놀이를 통해 날것의 재료를 맛있는 요리로 탄생시킨다. 앞서 신나는 놀이를 통해 반쯤 조리된 결과물을 가지고 노는 이 과정은 그 자체로 하나의 예술이다.

수정과 편집 작업을 기계적인 방식으로 해서는 안 된다. 자유로운 즉흥 작업과 마찬가지로 편집 작업을 할 때도 일하는 기쁨과 내려놓는 마음이 필요하다. 스트라빈스키는 곡을 쓰고 배열하고 재배열하고 지우는 일과 같은 힘들지만 즐거운 노동 과정 없이 완성된 작품을 마술처럼 선보인다면 당황스럽고 혼란스러워질 것이라고 말했다.[44] 거칠게 표현하는 그런지(grunge) 작업, 세밀하고 섬세한 작업, 오류를 잘라 내는 작업, 뒷정리 등 이 모든 과정이 창조 작업의 일부이자 놀이의 정신으로 할 수 있는 일들이다.

우리 안에 있는 뮤즈는 영감에 따라 행동하고, 편집자는 이성과 분별력에 따라 행동한다는 고정관념이 있다. 하지만 즉흥적인 요소가 배제된다면 수정과 편집이 불가능해진다. 지난달에

쓴 글을 단지 단어의 나열로만 본다면 그것은 죽은 대상일 뿐이고 글쓴이의 존재감도 사라진다. 하지만 다른 측면에서 바라보며 '사라지기'를 시도한다면 단어들이 원시 생물처럼 미끄러지듯 움직이고 촉수가 자라기 시작한다. 촉수와 촉수가 서로 연결되고 뒤엉키면서 패턴이 나타나고 명확해지기 시작한다.

진화하는 유기체는 자신만의 추진력과 정체성을 가지고 있다. 우리는 창조 과정에서 살아 있는 유기체로서의 작업과 대화를 나눈다. 우리가 하는 일에 대해 큰 소리로 말하길 부끄러워할 필요가 없다. 흔히 큰 소리로 혼잣말을 하면 정신 나간 사람인 양 생각한다. 혼잣말에 스스로 대답까지 한다면 증세가 심각한 사람으로 여긴다. 하지만 창조 작업에서 벽에 부딪혔을 때 혼자 묻고 답하는 행위는 매우 유용한 기법이다. 잠시 다른 사람들로부터 떨어져 방해받지 않을 수 있는 공간을 확보하라. 결정적인 순간에 이런 내적 대화가 창조 과정에서 핵심 역할을 할 수 있다.

예술적 편집에는 다음과 같은 몇 가지 요소가 있다. (1) 표면 아래에 깔린 의도에 대한 깊은 공감, (2) 언어에 대한 감각적인 사랑, (3) 우아함, (4) 과감함. 앞의 세 가지는 감각, 균형감, 매체에 대한 지식 등을 포함하는 훌륭한 취향으로 요약할 수 있다. 여기에 네 번째 요소인 과감함이 가미된다. 과감함은 예술 작품을 명료화하고 단순화하는 데 필수적인 요소지만, 단순함과 무미건조함 사이에는 엄청난 차이가 있음을 유념해야 한다. 단순하게 표현하는 일은 쉽지 않다. 오히려 이는 복잡하고 까다로우며 상당한 업무량을 요구하는 작업이다.

조각을 맞추는 까다로운 작업은 두 가지 관점에서 접근할 수 있다. 하나는 전체에 대한 영감에서 출발하는 연역적 관점이고, 다른 하나는 세부적인 요소에 대한 영감에서 시작하는 귀납적 관점이다. 때로는 혼란과 장애물을 거칠게 돌파할 필요가 있고 때로는 인내심을 가지고 섬세하게 하나하나 문제를 해결해 나가야 한다. 머리를 한 대 치거나 부드럽게 달래야 할 대상이 자기 자신일 때도 있다. 심지어 작품에서 가장 아끼는 부분이 잘려 나가게 내버려둬야 할 때도 있다. 그 부분이 작품 전체의 기초가 되는 시작점이었을지라도 말이다. 작품이 완성되면 작업대는 치워져야 한다.

우리는 형태를 조정하고 다듬으면서 작품의 영적 내면과 공감하는 일종의 마법을 경험한다. 작품의 형태와 구조를 발전시키면서 그에 따라 살아간다. 소네트나 하이쿠 같은 전통적인 형식으로 시를 지을 수도 있고, 단 한 편의 시를 쓰거나 개인적인 스타일을 완성하기 위해 평생에 걸쳐 독자적인 형식을 만들 수도 있다. 정해진 형식이 없는 자유시를 쓸 수도 있지만, 이 역시 시인이 책임을 지고 의식적으로 돌입해야 하는 분명한 게임이다. 밥 딜런(Bob Dylan)은 "법 밖에서 살려면 정직해야 한다"[45]라고 노래했다. 정직하다는 건 어떤 메타법, 어떤 메타 패턴에 충실함을 의미할까? 밥 딜런만큼 자신만의 방식으로 자유롭게 창작하면서도 여러 면에서 전통에 충실했던 예술가는 없다고 생각한다. 규범과 형식을 벗어나려면 진정성이 있어야 한다. 세상에는 형식이 있고 우리는 그 형식의 일부다.

일단 초고가 나오면 시인은 강세에 따라 음절을 배치하고 행갈이를 하면서 퍼즐 게임을 시작한다. 그 과정에서 언뜻 보기에는 그럴싸하고 괜찮아 보이지만 기존의 리듬과 형식에 맞지 않는 행이나 구절이 발견된다. 이때 전체적으로 문장을 다듬고 구조를 고치고 쪼개고 늘리면서 원하는 모양으로 편집하는 과정이 정해진 틀에 맞추려는 지나친 강요처럼 보일 수 있다. 차라리 자유로운 편이 낫지 않을까? 사실은 그 반대다. 형식이 느낌을 다듬을수록 시는 점점 더 좋아진다. 원래 말하고자 했던, 이름을 붙일 수 없는 그 느낌에 더 충실해진다.

이것이 예술 창작의 즐거운 면 중 하나다. '딸깍' 하는 소리와 함께 모든 것이 형태를 갖추게 되는 순간, 느낌과 형식이 조화를 이루어 하나가 되는 순간이 찾아온다. 추상적으로 보이는 이 순간이 미치는 영향은 즉각적이고 생리적이다. 이런 순간이 오면 나는 눈물이 흐르고 엄청난 에너지가 솟구쳐 오른다. 작업실 밖으로 나오면 마치 둥둥 떠다니는 듯한 느낌마저 든다.

왜 이런 감정이 솟구치는 걸까? 새로운 느낌과 새로운 형식이 맞물릴 때까지 씨름하는 동안 내면에 묻혀 있던 오래된 느낌, 늘 내 안에 있었지만 한 번도 밖으로 드러나지 않았던 무언가를 찾아낸 데 대한 인정의 눈물이 아닐까. 느낌을 형식에 맞추고, 수없이 시를 다시 읊고 다듬다 보면 다른 방식으로는 절대 깨닫지 못했을 느낌의 측면들을 끌어낼 수 있다. 모든 것이 제자리를 찾았을 때, 눈물이 나는 순간, 내가 느끼는 건 단순한 성취감이 아니다. 세상은 하나이고 그 세상과 내가 연결되어 있다는 직접적이고 충격적인 깨달음이다. 체감하지 못했던 느낌과 형태가 늘 내 안에 있었음을 알게 되는 것이다.

3부

무엇이
우리를
성숙하게 하는가

피할 수 없는 어린 시절 끝

창조적인 예술가와 시인 그리고 성자는 우리 사회에서
실제적인 힘을 가진 (이상과 다른) 신, 이를테면 획일화의 신·무관심의
신·물질적 성공의 신·착취의 신과 맞서 싸워야 한다.
이들은 수많은 사람이 숭배하는 우리 사회의 '우상'이다.

– 롤로 메이(심리학자)[46]

내가 아는 한 아이는 네 살 때 놀랍도록 생동감 넘치고 상상력이
풍부한 나무를 그렸다. 크레파스, 분필, 색연필, 고무찰흙을 사용
해 둥글넓적한 나뭇잎과 이파리마다 섬세하고 선명한 잎맥을 표
현했다. 피카소도 만족했을 법한 멋진 입체파 스타일의 작품이
었다. 실제 나무에 대한 세심한 관찰과 네 살 아이 특유의 대담함
이 만나 탄생시킨 놀라운 결과물이었다. 그런데 여섯 살이 되어
학교에 들어간 아이는 다른 아이들처럼 막대사탕 모양의 나무를
그리기 시작했다. 나무 둥치를 나타내는 갈색 막대기 위에 세부
묘사 따위는 생략한 나뭇잎 뭉치, 초록색 덩어리를 얹은 그런 나

무 말이다. 새 한 마리 앉지 않을 것 같은 모습이었다.

또 어떤 여자아이는 여덟 살 때 담임 선생님이 음수가 존재하지 않는 것처럼 이야기했다며 불평했다. 수업 시간에 빼기 문제를 풀던 남학생이 "3에서 5를 빼면 뭐예요?"라고 묻자, 선생님이 그런 건 없다고 대답했다는 것이다. 이 여자아이는 "답은 마이너스 2잖아요!"라고 반박했고, 그러자 선생님은 "너희는 아직 3학년이니까 그런 건 몰라도 돼!"라고 말했다고 한다. 나중에 이 여자아이에게 "넌 음수가 뭐라고 생각하니?" 하고 물었더니 망설임 없이 이렇게 답했다. "물웅덩이에 비친 내 모습을 보는 것과 같아요. 내가 위로 올라가면 물에 비친 내 모습은 그만큼 아래로 내려가잖아요." 이것이야말로 행동하는 본래의 마음, 가장 순수한 선(禪)이 아닌가.

명료하고 깊은 목소리는 아주 어린 시절부터 우리 안에 잠재되어 있지만 딱 거기까지다. 성장하며 겪는 모험과 어려움, 고통은 본래 우리가 가진 고유한 목소리를 향상하거나 밖으로 끌어내기도 하지만 조용히 묻어 버리는 경우가 더 많다. 이 목소리는 우리가 양육되고 훈련받고 대우받는 방식에 따라 발굴되거나 묻히기도 하며 분출되기도 하고 억제되기도 한다.[47] 대부분의 교육기관이 사람은 백지 상태로 태어나며 빈 종이 위에 피라미드처럼 지식을 쌓아 간다는 로크(John Locke)의 타불라 라사(tabula rasa) 이론에 바탕을 두고 있다. 그래서 아이의 타고난 지식을 계발하기보다 단순히 새로운 지식을 채워 넣으려고 한다. 이를 두

〈노인의 무지〉, 윌리엄 블레이크

고 커밍스(E. E. Cummings)는 "위를 향해 자랄수록 아래쪽은 잊게 된다"[48]라고 썼다.

학교 교육은 아이들의 창조성을 키워 줄 수도 있지만 파괴할 수도 있으며, 실제로 후자인 경우가 많다. 이상적으로 보면 학교는 배움과 예술을 보존하고 재생산해 아이들에게 미래를 창조할 수 있는 도구를 마련해 주기 위해 존재한다. 그러나 최악의 경우 획일적이고 미디어에 길들여진 어른을 길러 냄으로써 시장이 요구하는 노동자, 관리자, 소비자를 양산하는 역할을 한다.

예나 지금이나 아이는 자기 앞에 펼쳐진 세상의 구석구석, 금지된 구석까지 집요하게 기웃거리고 탐구하고 실험하면서 배운다. 하지만 머지않아 아이의 날개는 꺾여 버린다. 어른들이 만든 현실 세계는 자라나는 아이들을 억눌러 점점 더 예측 가능한 사회 구성원으로 만든다. 이러한 퇴화 과정은 유치원부터 대학교, 사회적·정치적 생활, 특히 직장 생활을 하면서 생애 주기 전반에 걸쳐 강화된다. 강력한 교육 매체인 텔레비전과 대중음악은 대량생산에 순응하는 태도를 주입하는 데 있어 학교보다 훨씬 더 치밀하다. 사람들은 시스템에 의해 일종의 먹잇감으로 길러진다. 우리는 서서히 시야가 좁아진다. 이런 식으로 단순함, 지성, 놀이하는 마음의 힘이 복잡함, 획일성, 나약함으로 균일화된다.

매 순간 현실에 대한 긍정적이거나 부정적인 관점을 접할 수 있다는 점에서 문화의 모든 부분이 학교 역할을 할 수 있음을 인식할 필요가 있다. 그런데 교육, 비즈니스, 미디어, 정치, 심지어 가족까지, 인간의 표현성을 확장하는 도구가 되어야 할 제도들이 공모해 획일주의를 유도하고 모든 것을 단조롭게 만들어버린다. 일상적으로 보고 행동하는 습관도 마찬가지다. 일상의 무수히 많은 미묘한 학습 경험을 통해 우리는 무의식적으로 받아들인 전제를 바탕으로 현실을 인식한다. 현실이 이렇다 보니 남들과 다르게 보는 창조적 인식이 특별하고 비범해 보이지만, 사실 창조성이란 암묵적으로 깔린 전제를 뚫고 있는 그대로 바라보는 일일 뿐이다.

이에 관한 유명한 일화가 있다. 프랑스 기차에 탄 한 남자 승객이 자기 옆자리에 앉은 사람이 피카소라는 걸 알고는 현대 미술이 현실을 제대로 반영하지 못하고 있다며 불평을 늘어놓기 시작했다. 이에 피카소는 현실을 제대로 보여 준다는 게 어떤 의미인지 물었다. "봐요! 이런 게 진정한 그림 아니겠습니까. 내 아내는 딱 이렇게 생겼거든요." 피카소는 남자가 건넨 지갑 크기의 사진을 위아래로, 옆으로 돌려 가며 여러 각도에서 유심히 살펴본 뒤 말했다. "부인이 정말 작군요. 납작하고요."

　우리는 종종 교육과 훈련을 혼동하는 실수를 저지르는데, 이 둘은 전혀 다른 활동이다. 훈련은 특정 활동을 수행하는 데 필요한 특정 정보의 전달을 목표로 한다. 교육은 사람을 만드는 일이다. 끌어냄이란 잠재되어 있는 무언가를 밖으로 꺼내거나 불러일으킨다는 뜻이다. 그런 의미에서 교육은 선입견으로 가득 찬 수동적인 사람에게 지식을 주입하는 일이 아니라 인간의 잠재력을 끌어내 삶을 이해하고 잘 영위하게 하는 것이다. 교육은 놀이와 탐구 사이의 긴밀한 관계를 잘 활용해야 하며 마음껏 탐색하고 표현할 수 있게 해 주어야 한다. 이미 시도된 것, 검증된 것, 동질적인 것에서 벗어나게 하는 탐구 정신이 있어야 한다.

　우리를 둘러싼 거대한 학교가 가르치는 획일성은 생물학자들이 단일재배(monoculture)라고 부르는 것과 비슷하다. 야생의 들판을 걷다 보면 단위 면적당 수십 종의 풀, 이끼, 기타 잔디들이 자라고 있고 작은 동물도 다양하게 서식하고 있음을 볼 수 있다. 이와 같은 식물의 필수적 다양성은 기후와 환경 변화에 대응하기 위해 자연이 들어 놓은 보험이다. 하지만 인간이 관리하는 들판에는 한 종 또는 두어 개의 종만 있을 뿐이다. 가축이나 경작물은 한 가지 목적을 위해 키워지기 때문에 유전적으로 단일하다. 목적에 맞는 특정 변수를 극대화하는 대가로 다양성과 유연성은 희생된다. 하지만 환경 조건이 변하면 선택받은 종은 협소한 다양성 안에 갇혀 버린다. 단일재배는 필연적으로 선택지의 상실과 불안정성으로 이어진다.

단일재배는 배움과 상극이다. 탐구 정신은 다양성과 자유로운 놀이를 통해 확장되는데, 우리 주변의 교육 제도는 대부분 탐구 정신을 작은 상자 안에 가두어 죽이고 있다. 현재의 교육 제도는 배움을 전공 분야와 학과로 나누는 경향이 있다. 규모가 큰 업무나 방대한 지식을 다루려면 어느 정도의 전문화가 필요하긴 하다. 그러나 각 분야 사이에 세운 장벽이 지나치게 높아졌다. 갖가지 학문과 학설이 넘쳐나는데, 이들 중 대부분은 자신의 전문 분야를 지키는 데만 몰두한다. 우리는 이렇게 배움을 잘게 조각내고 경계를 세움으로써 살아 있는 지식에 꼭 필요한 풍부함과 유연성을 놓치고 있다.

창조성이 중요한 분야가 직면한 여러 딜레마 중 하나는, 기술 없이는 영감을 표현할 수 없음에도 기술이라는 전문성에 지나치게 집중하다 보면 영감에 꼭 필요한 우연의 힘을 배제하게 된다는 점이다. 즉 과정을 희생하고 결과만을 강조하는 것이다. 놀라운 기술과 화려한 기교로 청중을 매료시키는 예술가라고 해도 여전히 무언가 부족하다는 느낌이 들 수 있다. 누구나 한 번쯤 환상적인 협주곡을 듣고서 무언가 빠진 듯한 느낌을 받은 경험이 있을 것이다. 표면적인 화려함은 자연스럽게 "와!" 하고 외치는 반응을 끌어내지만, 이는 마치 외모는 아름답지만 지적·정서적 깊이는 얕은 이성을 만난 것과 같다. 본능적으로 감탄사를 내뱉지만 바로 다음 순간 별다른 감흥이 없어진다.

반면 실수도 많고 정교하지 않은 서툰 연주, 동요, 길거리 악사의 연주를 듣고 손에 만져질 듯한 경외감을 느끼며 눈물을 흘린 경험도 있을 것이다. 이처럼 드물고 특별한 공연에는 의도하지 않은 신의 소리 같은 무언가가 있다. '신의 소리'처럼 와닿는다면 이는 듣는 사람이 날것이 주는 힘, 우리를 만든 원초적인 힘의 존재를 느낀다는 뜻이다. 그것이 바로 신이 하는 일, 창조다. 우리는 다시 근원으로 돌아가야 한다. 아인슈타인이 시공간에 대해 배우고 그것을 새롭게 바라봄으로써 기본적이고 어린아이 같은 문제로 돌아간 것처럼 말이다.

> 정상적인 어른이라면 시공간 문제 따위로 골머리를 앓지
> 않는다. 그런 것들은 전부 어린 시절에 다 거치고 지나갈
> 테니 말이다. 하지만 나는 워낙 더디게 자라서 어른이 다
> 되어서야 시간과 공간이 궁금해지기 시작했다.[49]

원초적인 창의력보다 전문적인 기술과 순간의 기교가 더 다루기 쉽다. 그렇기에 우리 사회는 독창적인 창조자보다 재능 있는 연주자를 더 높게 평가한다. 기술적인 탁월함을 판단하고 평

가하는 일은 상대적으로 쉽다. 반면 정신적이고 감성적인 부분을 평가하기란 쉽지 않다. 직접적이고 미묘한 무언가가 직관적으로 느껴져야 하고, 상당한 시간이 지나야 진가가 드러나는 경우도 많기 때문이다.

베토벤의 작품 중에서 최고로 지루하다고 말할 만한 〈전쟁 교향곡〉은 당대에 최고의 인기를 누렸다. 현재 가장 사랑받는 작품 중 하나인 바흐의 〈브란덴부르크 협주곡〉은 일종의 입사 지원서로서 브란덴부르크 후작에게 보내졌지만 끝내 바흐는 일자리를 얻지 못했다. 비제(Georges Bizet)의 〈카르멘〉은 초연 후 접근하기 쉬운 멜로디가 없다는 혹평을 받으며 실패작으로 남았다. 그 후 불과 1년 만에 그는 세상을 떠났다. 물론 예외도 있다. 혁신적이고 독창적이며 시대와 완벽하게 결이 맞는 작품을 선보이는 행운을 누리는 예술가도 일부 있다.

잘 팔리는 책, 음악, 영화, TV 프로그램이 전부 쓰레기라거나 깊이가 없다는 건 아니지만 그런 경우가 많은 게 사실이다. 따라서 작품을 팔고 싶고 팔아야 하는 예술가들은 두 가지 이상의 마음의 소리에 시달리게 된다. 한쪽에서는 "이 정도 완성도면 충분해?" 하고 위협적으로 속삭인다. 다른 한쪽에서는 "이 정도 상업성이면 충분해?" 하고 위협적으로 속삭인다. 이런 갈등에는 과정보다 결과를 중시하는 사회적 가치관이 반영된다. 우리는 확실한 것, 사회적으로 가치를 인정받는 제품이라는 보증을 원한다. 그러나 원초적인 창조성은 이를 미리 확답할 수 없다.

우리는 창조성을 비범함이나 특별함으로 분류하고 예술과 과학이라는 특수 영역에 가둠으로써 접근을 차단한다. '스타 공연자' 같은 특별한 존재를 상정함으로써 창조성을 일상으로부터 멀리 밀어낸다. 작품의 가치는 내용이 아니라 유명세에 달려 있다. 1988년에 반 고흐의 작품 두 점이 각각 5천만 달러에 팔렸다. 생전에 그는 작품을 단 한 점도 팔지 못했는데 말이다. 예술가가 스타가 되면, 더군다나 죽은 예술가가 스타가 되면 그는 포장해서 팔 수 있는 상품이 된다. 예술가가 수년에 걸쳐 변화하고 발전하는 건 모든 창작자에게 당연한 일이지만 마케터들은 그런 변화를 달가워하지 않는다. 그래서 종종 비범함으로 스타가 된 예술가(교사, 과학자, 영적 지도자도 마찬가지다)가 시간이 흘러 재능을 잃거나 정체되기도 한다.

창조적 작업은 점점 더 평가절하되고, 단지 일상의 단조로움을 장식하는 여가 활동 정도로 취급받는다. 예술가가 자립할 돈을 벌면서 작품 활동을 이어 갈 수 있는 메커니즘은 거의 없다. 이에 관해 버지니아 울프(Virginia Woolf)는 다음과 같이 썼다.

> 자기 고백과 자기 분석을 담은 방대한 현대 문학을 보면 천재적인 작품을 쓰는 일이 얼마나 어려운지 알 수 있다. 모든 것이 작가가 온전히 마음과 정신을 쏟는 걸 방해한다. 우선 물질적인 상황이 도와주지 않는다. 개가 짖고, 사람들이 흐름을 끊고, 돈은 벌어야 하고, 건강에도 문제가

생긴다. 이런 온갖 어려움을 더 견디기 힘들게 하는 건 세상의 차가운 무관심이다. 세상은 우리에게 시나 소설, 역사서를 쓰라고 요구하지 않고 필요로 하지도 않는다. 플로베르가 적절한 단어를 찾았는지, 칼라일이 이런저런 사료를 철저하게 고증했는지 관심이 없다. 그리고 당연하게도 관심 없는 대상에 대해서는 대가를 지불하지 않는다. 그래서 키츠, 플로베르, 칼라일은 특히 젊고 창조적인 시기에 수많은 형태의 방해와 낙담을 겪어야 했다. 이들이 쓴 자기 고백적이고 분석적인 글을 보면 저주와 고통의 외침으로 가득하다. 윌리엄 워즈워스가 쓴 "비참한 죽음을 맞이한 위대한 시인들"이라는 짧은 구절에 그들이 노래한 무거운 삶이 고스란히 드러난다. 이 모든 상황에서도 무언가가 나온다면 그것은 기적이다. 아마도 구상한 그대로 온전하게 완성된 책은 없으리라.[50]

모든 사회 제도가 우리 삶의 자연스러운 흐름을 딱딱하고 제한된 틀에 가두기 위해 다 같이 음모를 꾸미는 것처럼 보일 때가 있다. 우리는 내면의 목소리가 하는 말은 진짜가 아니라고 배웠기에 종종 뮤즈가 전하는 메시지를 억누르고 부정하고 합리화하고 잊어 버린다. 그러나 창조적 생명력이 가진 힘을 두려워하면 평범하고 관습적인 일상에 갇혀 버린다. "무언가 부족해!"라고 외치게 된다. 무관심과 획일화, 혼란으로 고착된 상태는 규범

적일지언정 정상적인 것으로 받아들이면 안 된다. 누구나 한 번쯤 충치와 감기에 걸리지만 그렇다고 해서 그것이 정상적이거나 바람직한 일은 아니듯이 말이다. 창조적인 삶, 즉 창조자로 살아가는 삶이 미지의 세계로의 도약처럼 보이는 이유는 '정상적인 삶'이 경직되고 트라우마에 젖어 있기 때문이다.

주변을 둘러보면 창조적인 삶을 방해하는 요소가 무수히 많다. 모든 문화에는 창조성을 가로막는 나름의 방어기제가 존재한다. 그러다 보니 창조성이 삶 전체에 스며든 것처럼 보이는 시대와 장소를 이상화하거나 낭만적으로 묘사하는 경우가 있다. 실제로 르네상스 시대에 태어났더라면 좋았을 거라고 말하는 예술가를 만난 적이 있다. 하지만 정작 르네상스 시대의 예술가들은 자신을 고대 그리스의 타락한 후손으로 여겼고, 그리스 예술가들은 자신을 먼 옛날 황금시대(아마도 크레타 문명 시대)의 타락한 후손으로 여겼다.

아론 코플랜드(Aaron Copland)는 20세기 초 미국에서 작곡가로 살아간다는 게 어떤 느낌인지 이야기하던 중 흥미로운 발언을 했다. 당시에도 지금과 마찬가지로 예술, 음악, 문학은 사치품으로 취급받았다. 연주 음악은 소수 계층의 전유물이었고, 사람들은 미국 음악이나 새로운 음악이 아닌 오직 유럽 음악만을 듣고 싶어 했으며, 고전 음악을 애호하는 청중들은 죽은 작곡가만이 좋은 작곡가라고 믿었다. 이런 경향은 지금보다 코플랜드가 작품 활동을 하던 1920년대에 훨씬 더 심했다. 그러나 그는 불평

대신 이렇게 말했다. "음악적 교양이 없는 사람들과의 싸움, 안목 있는 사람들의 승리, 멍청한 평론가들과의 열띤 논쟁 등은 그 시대에서만 느낄 수 있는 특별한 재미다."[51]

이는 세상의 모든 어리석음을 즐기는 태도이자 위기를 기회로 삼아 최고의 진주를 만들려는 시도이다. 코플랜드의 발언은 창조적인 사람이 유머 감각, 자기 스타일, 적절한 자기 고집만 있으면 세상에 어떤 장애물이 있더라도 제 할 일을 해낼 수 있음을 보여 준다.

하지만 우리는 아직 문제의 핵심에 도달하지 못했다. 지금까지 우리는 교육, 전문화, 새것과 날것의 창조력에 대한 두려움 등을 수단으로 삼아 창조성을 가로막는 '사회'라는 게 존재하는 것처럼 말해 왔다. 실제로 그런 사회, 제도, 학교, 매체 따위는 없다. 불완전한 일을 하면서 불완전하게 최선을 다하는 사람들이 있을 뿐이다. 문제의 핵심은 우리가 아무리 사회 구조를 바꾼다고 해도, 정부가 창조성과 예술 및 과학 육성에 아무리 많은 자원을 투입한다고 해도, 마음과 정신을 탐구하는 데 전력하는 자유로운 교육이 시행된다고 해도, 달라질 게 없다는 점이다. 성장은 주변 상황이 어떠하든지 상관없이 일어난다.

한 번, 두 번, 세 번 배신당하는 기분이 무엇인지 배우고 나면 우리는 순수함을 잃고 경험에 의존하는 사람이 된다. 살다 보면 우리의 순수함과 상상력과 욕구를 발휘하는 자유로운 놀이가 현실과 충돌하는 지점, 존재하는 것과 존재하지 않는 것의 경계,

〈뮤즈〉, 파블로 피카소(퐁피두 현대미술관)

가능한 것과 가능하지 않은 것의 경계와 그것들이 충돌하는 일련의 순간이 있다.

지금까지의 이야기를 단순히 나쁜 학교, 매체, 기타 사회적 요소에 대한 비난으로만 해석해서는 안 된다. 우리는 사회의 여러 측면을 보다 건전한 방식으로 재설계할 수 있고 또한 그래야 하지만, 그렇게 한다고 해서 예술이 쉬워지지는 않는다. 어린 시절의 종말은 피할 수 없다. 자유로운 상상력 놀이는 환상을 낳고, 그 환상은 현실과 충돌하며 깨지기 마련이다. 현실에 대한 환멸은 긍정적인 경험이자 배움의 본질이지만 뼈아픈 일이기도 하다.

더 나은 교육, 금전적 여유나 물질적 혜택, 훌륭한 스승 등 다른 긍정적인 요소들로 어린 시절의 종말에서 오는 환멸을 피할 수 있다고 생각한다면 그런 요소를 갖추고 있는 이들과 이야기해 보라. 그들 역시 똑같이 환멸을 겪는다는 사실을 알게 될 것이다. 근본적으로 우리를 가로막는 것은 외부가 아닌 자신의 일부, 삶의 일부이기 때문이다. 이 장의 서두에 언급한 네 살 아이의 멋진 나무 그림은 어른의 손에서 나왔다면 예술이 될 수 없었을 것이다. 어린아이의 그림과 피카소가 그린 어린아이 같은 그림의 차이는, 단지 피카소의 흠잡을 데 없는 솜씨만이 아니라 그가 힘든 경험 속에서 성장했으며 그 고난을 초월했다는 데 있다.

악순환의 실체는 두려움이다

몇 장을 휘갈겨 쓰고도 한 문장도 쓰지 못했음을 깨달으면
소파에 주저앉아 멍하니 누운 채 절망의 수렁에 빠진다.
비이성적인 자만심에 키메라처럼 삐죽대는 나 자신을 혐오하기도 한다.
그러나 15분이 지나면 모든 것이 바뀐다. 내 가슴은 기쁨으로 쿵쾅댄다.

– 귀스타브 플로베르(소설가)

자유로운 놀이와 집중 연습의 창조적 과정이 궤도를 벗어나 중독이나 미루기, 집착이나 방해로 이어져 혼란과 자기 의심의 상태에 빠질 수 있다. 중독은 과도하고 강박적인 애착이며 미루기는 과도하고 강박적인 회피다.

중독은 점점 더 빠른 속도로 자기 영속화되거나 자기 촉매화되는 모든 의존성을 뜻한다. 중독은 자기 자신이나 다른 사람에게 가하는 괴로움의 원인이 되는 경우가 많다. 사람들은 약물, 특정 생활 습관, 다른 사람에 대한 애정, 특정 지식, 무기 소유, 또는 더 높은 생산성에 중독되곤 한다. 낡은 도그마에 중독된 이들

은 여전히 세계 각지에서 서로를 학살하고 있다. 성공과 실패에 대한 중독도 있다. 삶에서 좌절감을 안겨 주는 사건 또한 강박적인 생각에 대한 중독을 촉발할 수 있다. 예술가는 특정 아이디어에 중독되거나 특정한 자기 개념, 작업이 어떻게 진행되어야 하는지, 또는 관객이 무엇을 원하는지에 대한 생각에 사로잡힐 수 있다. 어떤 경우라도 삶에서 이러한 집착이 자신을 좀먹게 내버려두어서는 안 된다.

중독적인 면과 정상인 면을 두루 가진 습관도 있다. 예를 들어 운동, 악기 연습, 열정과 애정을 가지고 하는 일은 중독성이 있지만 긍정적이고 유익한 것으로 받아들여진다. 병적인 것과 창조적인 것, 중독과 연습 사이에는 미묘한 경계가 있다. "술 한 잔 더 마실래"와 "바흐의 푸가를 한 번 더 들을래" 사이의 중대한 차이점은 무엇일까?

중독은 에너지를 소모시키고 노예가 되게 한다. 연습은 에너지를 생산하고 우리를 자유로운 상태로 이끈다. 연습을 하거나 창조적인 읽기나 듣기를 할 때, 우리는 마치 스무고개 게임을 할 때처럼 더 많은 것을 알아내려고 한다. 반면 중독은 무언가를 찾아내기 싫어서 혹은 유쾌하지 않은 대상과 마주하기 싫어서 이를 회피하는 행동이다. 연습은 행동을 확장하고 바깥으로 실타래를 풀면서 점점 더 많은 의미와 연결을 구축한다. 중독에 빠지면 우리는 점점 더 안으로 파고들고 계속해서 같은 환경 속에 머물며 둔감해진다.

아무리 해도 충족되지 않고, 어제는 충분했던 게 오늘은 불충분하게 느껴져서 정체를 알 수 없는 힘에 이끌리고 있다면 그 습관은 중독이다. 보상과 노력의 순서가 뒤바뀌면 그것 역시 중독이다. 새뮤얼 버틀러(Samuel Butler)는 알코올중독자가 술에 취하기 전에 숙취를 느낀다면, 이를 자아실현을 위한 훈련으로 가르치는 신비주의 학교가 있을 것이라고 농담처럼 말했다. 연습은 중독의 반대말이다. 연습은 끊임없이 시험하고 자신의 헛된 상상을 깨부수는, 늘 새롭게 도전하는 일과 놀이의 흐름이다. 그래서 때로는 고통스럽기도 하다.

중독은 컴퓨터 프로그래머들이 말하는 '무한반복실행'과 같다. 동물, 사람, 생태계 등 자기 조절이 가능한 존재는 대부분의 시간을 반복적인 루틴을 수행하는 데 쓴다. 반복 루틴의 구조에는 종결 조건 또는 종료 조건이 설정되어 있다. 종결 조건이 작업이 완료되었다고 알릴 때까지 우리는 루틴을 반복한다. 차를 따르는 동안 '컵이 가득 찼는가?'라는 조건을 확인하면서 조건이 충족되면 따르는 행위를 멈춘다. 식사할 때는 특정 자율신경 신호(위의 팽창이나 혈당 수치의 변화)가 배부른 상태라는 메시지를 줄 때까지 계속해서 먹는 행위를 반복한다. 그러다 보통 종결 신호가 오면 먹기를 멈춘다. 그런데 이 종결 조건이 누락되거나 잘못 설정되거나 신호가 바뀌면, 장애·폭발·고장이 발생해 전체 시스템이 중단될 때까지 끝없이 강박적으로 루틴이 반복될 수 있다.

중독이 출구가 없는 무한반복실행의 한 형태라면 미루기는 출구만 있는 '무한반복불이행'이다. 중독의 순환고리 안에서 우리는 '많을수록 좋다'라고 믿는다. 이런 믿음은 스트레스를 받는 상황에서 무한반복실행에 박차를 가하고, 폭식·폭음·인구 폭발·군비 경쟁과 같은 폭주 행위로 이어진다. 반대로 미루기의 순환고리 안에서는 '적을수록 안전하다'라고 믿는다. 이때는 스트레스를 받으면 근육 경련, 글쓰기 장애, 성 기능 문제, 우울, 무질서, 긴장 같은 억압과 차단이라는 무한반복불이행이 나타난다. 이런 악순환에서는 끊임없이 새로운 출구 조건이 발동해 활동을 유지할 수 없게 된다. 이는 미루기를 비롯한 다른 모든 역 중독, 하지 않음에 대한 중독, 차단, 알레르기 반응을 유발한다.

미루기는 거울에 비친 중독의 이미지이며, 미루기와 중독 모두 자기 조절 장애다. 우리는 엉켜 버린 교차 신호를 찾아서 다시 정상화할 때까지 이 악순환의 고리에 갇힌다. 다행히 살아 있는 생명체인 인간에게는 자연스럽게 자기 조절과 자기 균형을 유지하는 능력이 있다. 동시에 자존심, 선택적 알아차림, 선형적 사고, 자아 유지 역할을 하는 의식이 있다. 다만 이 두 가지 경향은 서로 극명하게 달라서 때로는 우리를 특정한 모순과 어려움에 처하게 한다.

자동차를 운전한다고 생각해 보자. 조종사 역할을 하는 손과 뇌, 안내자 역할을 하는 눈과 뇌는 다음과 같은 대화를 지속적으로 주고받는다. "왼쪽으로 2도 경로를 이탈했습니다―우회전합니다." "오른쪽으로 1.3도 치우쳤습니다―좌회전합니다." "왼쪽으로 1.5도 경로를 이탈했습니다—우회전합니다." 이런 식으로 특정 순간에 차가 경로를 벗어나면 조금씩 조정해 가면서 도로를 따라 똑바로 운전할 수 있다. 집안의 온도 조절 장치도 마찬가지다. 원하는 온도를 정확히 맞춘 다음 계속해서 유지하는 게 아니라 미세하게 작동하면서 설정한 온도에 맞춰 나간다. 우리 몸의 체온을 조절하는 심혈관 기능을 비롯해 체내 혈당, 수분 등의 수치를 건강한 상태로 유지하는 항상성 균형 작용도 같은 방식으로 작동한다. 실수의 힘을 통해 스스로를 교정하는 놀이의 연속인 셈이다.

건강한 피드백 체계 안에서는 시행착오가 자연스럽게 발생하며 인식하기도 전에 바로 잡힌다. 신체의 피드백은 대부분 무의식적으로 일어난다. 에고의 집착이 끼어들어 지연되고 방해받는 일이 없도록 지속적인 가치 판단이 이루어져야 하기 때문이다. 자동차 운전과 같이 복잡하고 상당히 자발적인 활동도 대개 무의식적으로 수행된다. 물론 그러는 와중에도 우리의 주의력은 분당 수천 개의 행동과 조건을 모니터링하고 있다. 그런데 만일 자동차를 운전할 때 의식이 더 많이 작용한다면 손과 눈 사이의 내적 대화는 매우 다르게 흘러갈 수 있다. "왼쪽으로 2도 경로를 이탈했습니다—알았어, 조정할게." "오른쪽으로 1.3도 치우쳤습니다—응, 알았어!" "왼쪽으로 1.5도 경로를 이탈했습니다—젠장, 나한테 이래라저래라 하지 마!"

의식이 개입한다는 건 에고가 이쪽 또는 저쪽에 집착하고 있다는 뜻이다. 에고는 항상 옳기를 바라지만 역동적으로 흘러가는 삶과 예술 안에서 절대적인 옳음은 존재하지 않는다. 우리는 늘 변화하고 순환한다. 역동적인 순환의 양극단 중 어느 한쪽에 매달리는 에고의 집착은 분노, 오만, 질투 등 온갖 괴로운 감정을 불러일으킨다. 어느 한 극단이 우리를 강하게 끌어당기면 우리는 균형을 잃는다. 집착이 개인의 삶에서 해결되지 않은 문제나 무의식적 욕구에 기반하는 경우 특히 그렇다. 성을 상품화한 광고가 큰 효과를 누리는 이유도 여기에 있다. 우리 내면의 애착과 욕망을 바탕으로 하고 있기 때문이다.

반면 양극단 중 한쪽에 두려운 대상이 있으면 우리는 그것을 회피하기 위해 주위를 빙빙 돈다. 그러나 회피는 끝없이 두려움을 키울 뿐이다. 어떤 생각이나 고통에 사로잡혀 있을 때 유일한 탈출구는 곧장 고통의 근원으로 들어가 무엇이 이토록 존재감을 드러내면서 나를 괴롭히는지 알아내는 것뿐이다.

앞서 예로 든 자동차 운전의 또 다른 변형은 우리가 미적거릴 때, 에고가 앞뒤로 움직임을 추적하거나 거기에 집착할 때 발생한다. 그러면 우리는 우유부단함의 파도에 휩쓸려 버린다. "왼쪽으로 2도 경로를 이탈했습니다―난 왼쪽으로 가고 싶어!" "오른쪽으로 1.3도 치우쳤습니다―난 오른쪽으로 가고 싶어!" 이런 상황은 우리가 안달복달하면서 선택한 방향과는 반대 방향으로 에너지를 소모하게 하는 또 다른 무한반복불이행으로 이어진다.

'안달하다[fidget]'라는 단어는 '간절히 바라다'를 뜻하는 고대

노르웨이어에서 유래했다. 안달하고 지루해하는 건 텅 빈 상태에 대한 두려움을 나타내는 증상이다. 이럴 때 우리는 무엇이든 손에 잡히는 것으로 빈 곳을 채우려고 애쓴다. 심지어 어떤 사람들은 30분 동안 가만히 앉아 있기보다 바이올린 협주곡을 연주하거나 백만 달러를 벌거나 잃는 게 낫다고 생각한다. 우리는 지루함을 느끼고, 편하고 쉽게 즐길 수 있는 오락거리를 찾고, 덧없는 것을 열렬히 욕망하도록 배운다. 텔레비전, 술, 담배, 마약 등 수십억 달러 규모의 산업은 이러한 공허함에 대한 두려움을 기반으로 한다. 이 산업들은 우리의 눈과 뇌가 안달하고 망각할 기회를 준다. 점점 더 긴장하고 초조하게 만드는 사회적 리듬에 따라 우리의 집중력은 줄어들고, 이는 또 다른 악순환으로 이어진다.

바이올린 자유 연주가 0.1초에 불과한 맘대로근의 비자발적 수축에도 방해를 받듯이 일상에서의 자유로운 놀이 역시 짧은 순간에 나오는 강박적인 행동, 다리를 꼬거나 푸는 동작, 자세를 바꾸는 행위, 입술을 깨무는 행동 등 에너지를 낭비하는 작은 움직임에 방해받는다. 이런 사소한 움직임은 마음을 바꾸거나, 차를 돌리거나, 원을 그리며 운전하는 등의 형태로 몇 분간 지속될 수 있다. 또는 안달하는 마음으로 내면의 본성과 맞지 않는 직업이나 결혼을 선택함으로써 장기적으로 감당해야 할 실수를 저지르기도 한다.

미루기와 안달하기의 이면에는 자기 의심이 깔려 있다. 자기 의심은 내면에서 일어나는 모든 충동에 "하지만 한편으로는 아닐 수도 있어"와 같은 위첨자를 붙인다. 그러면 우리는 어떤 결정을 내릴 때마다 과도하게 고민하고, 경로를 바꾸고, 몇 번이고 걸음을 망설이게 된다.

의식은 자존심만이 아니라 절망감을 통해서도 타고난 자기 조절 체계를 흔들 수 있다. 항상 경로를 벗어나는 것처럼 보이면 깊은 우울감에 빠질 수밖에 없다. 블레이크가 "태양과 달이 자신을 의심했다면 그 즉시 빛을 잃었을 것"[52]이라고 말했듯이 자기 의심은 자동적으로 이루어지는 자기 균형을 망가뜨린다. 이때 조종사와 안내자의 대화는 다음과 같이 이어질 것이다. "왼쪽으로 2도 경로를 이탈했습니다—앗, 죄송합니다." "오른쪽으로 1.3도 치우쳤습니다—이런, 나는 실패자야!" "왼쪽으로 1.5도 경로를 이탈했습니다—맙소사, 난 죽어 버려야 해!" 그저 재미있어 보이는 이런 상황은 실제로 수많은 예술가가 겪는 어려움과 때로는 자살로 이어지기도 하는 비극적인 현실을 반영한다.

지금까지 운전에 비유한 이야기를 요약해 보자. 불가피하게 앞뒤로 흔들리는 피드백은 마음의 상태에 따라 자신을 가다듬는 연습, 중독(강박적으로 무언가에 집착함), 미루기(강박적으로 무언가를 회피함), 방황하는 욕망(지나가는 상황에 집착하거나 안달함), 분노(변화에 분개함), 육체적·정신적 자살(자기 의심) 등 다양한 형태로 드러날 수 있다.

악순환의 근본적인 문제는 논리적으로 벗어날 방법 없다는 것이다. 어느 쪽을 택하든 무한반복실행이나 무한반복불이행이라는 늪에 빠져서 선택의 폭이 좁아지고 결국에는 아예 없어지게 된다. 악순환에는 논리적인 출구가 없다. 그러나 다행히 비논리적인 출구는 아주 많다. 그 길을 살펴보기 전에 우리는 악순환의 아래에 깔린 '두려움'이라는 실체를 직시해야 한다.

육도윤회도(六道輪廻圖).
번뇌와 무지로 인해 끝없이 생로병사를 거듭하는 존재를 표현한 그림이다.

판단의 유령

모든 사람은 유령의 손아귀에 잡혀 있다

인간성이 눈을 뜨는

그 시간이 올 때까지

자신의 유령을 호수에 던져 버릴 때까지.

– 윌리엄 블레이크[53]

창조적인 과정이 중단되면 완전히 가로막힌 듯 견딜 수 없는 느낌을 받는다. 앞서 '사라지기'라고 표현한 반짝이고 맑게 깨어 있는 정신 상태의 정반대 상황을 마주하고 고통받는다. 평온하고 생생한 집중력을 느끼기보다 사소한 것이든 터무니없는 것이든 상관없이 모든 방해 요소에 집착하게 된다. 쉽게 피곤해지고, 작업 과정을 돌아보면 잘한 게 없는 것 같고, 시야가 흐려지고 뇌 활동이 느려지다가 이내 멈춘다.

창조적인 사람은 뮤즈와 편집자라는 내면의 두 가지 성격을 구현하거나 실현하는 사람이다. 이들은 다른 각도에서 바라본 조종사와 안내자다. 뮤즈가 제안하면 편집자가 구현한다. 편집자는 뮤즈가 자유로운 놀이를 통해 만들어 낸 원재료를 비평하고 형태를 잡고 체계화한다. 하지만 편집자가 뮤즈를 뒤따르는 대신 앞서려고 하면 문제가 생긴다. 아직 존재하지 않는 작품을 판단하는 셈이 되기 때문이다. 그러면 창조 과정이 막히거나 마비된다. 뮤즈의 존재 자체가 편집되는 것이다.

내면의 비평가가 통제 불능 상태가 되면 가혹하고 엄격한 아버지의 모습으로 나타난다. 이는 수많은 예술가의 삶을 괴롭히는 유령으로서 눈에 보이지 않고, 비판적이고, 괴롭게 하는 힘으로 우리 앞길을 가로막는다.

신비한 원천에서 흘러나오는 예술 작품은 듣고 평가하고 탐구하고 실험할 수 있는 객관적인 대상이다. 우리는 예술 안에서 끊임없이 자신의 작품을 판단하고, 자신의 패턴을 따라가면서 그 판단이 지속적인 발전을 위한 피드백이 되게 한다. 음악은 스스로를 모니터링하고 조절하며 판단한다. 이것이 우리가 혼돈이 아닌 예술을 만들어 내는 방식이자 진화의 결과가 무작위로 나열된 탄소, 질소, 산소, 수소, 황, 나트륨 등의 원자 무더기가 아닌 유기체를 만들어 내는 방식이다.

판단에는 두 가지 종류가 있다. 건설적인 판단과 폐쇄적인 판단이다. 건설적인 판단은 창조의 시간과 함께 움직이면서 지속적인 피드백을 한다. 의식이 행동을 촉진하며 나란히 평행선을 그린다. 폐쇄적인 판단은 행동의 흐름과 수직을 이루며 창조 전

(작가의 차단)과 창조 후(거부 또는 무관심)에 개입한다. 창조적인 사람의 비결은 두 가지 판단의 차이를 구분하고 건설적인 판단력을 기르는 데 있다.

두 가지 판단이 이루어지는 시간도 둘로 나뉜다. 건설적인 판단과 진행 중인 창조 작업 사이에 오가는 피드백은 번개보다 속도가 빠르다. 영원처럼 빠르게 오간다. 뮤즈와 편집자라는 파트너 관계는 마치 오랫동안 알고 지낸 한 쌍의 무용수처럼 늘 동기화되어 있다. 반면 판단이 작업의 흐름과 평행이 아닌 수직을 이루면서 방해가 될 때 개인적인 시간은 잘게 쪼개지고, 각각의 조각은 혼란과 자기 의심이 몰래 기어들어 올 수 있는 정거장이자 기회로 작용한다.

한순간이라도 작업이 마음에 드는지 아닌지를 고민한다면 위험할 수 있다. "이 정도면 충분해?" 하고 묻는 판단의 목소리가 들려오기 때문이다. 아무리 멋진 작품을 만들었어도 조만간 다시 작업을 해야 하고, 그 순간 "지난번보다 더 잘해야지" 하는 내면의 목소리가 돌아온다. 그러면 자신의 뛰어난 재능이 오히려 창조성을 가로막는 요인이 될 수 있다. 성공하든 실패하든 상관없이 언제나 내면의 목소리가 커질 수 있기 때문이다.

예술을 하는 가장 쉬운 방법은 성공과 실패를 생각하지 않고 그냥 하는 것이다. 8세기 중국의 선승 승찬(僧璨)은 "지극한 도(道)란 어렵지 않으니 단지 분별하는 마음만 버리면 된다"[54]라고 썼다. 하지만 이는 말로 하기는 쉽지만 실천하기는 무척 어렵다.

우리는 욕망, 혐오, 동요와 그에 수반되는 모든 고통스러운 감정에 의해 밀고 당겨지며 공격받는다. 고통스러운 감정에는 시기, 분노, 탐욕, 자만 등이 포함되는데 중독이나 미루기를 비롯한 다른 모든 형태의 막힘과 마찬가지로 그 뿌리는 두려움이다.

불교에서는 자유를 가로막는 다섯 가지 두려움에 관해 이야기한다. 생명 상실의 두려움, 생계 상실의 두려움, 명예 상실의 두려움, 비정상적인 마음 상태에 대한 두려움, 대중 앞에서 말하기의 두려움이 그것이다. 말하기에 대한 두려움은 다른 두려움에 비해 다소 터무니없게 들리지만, 자유로운 놀이라는 우리 주제를 떠올리면 가장 중심이 되는 두려움이므로 '연설 공포', '무대 공포', '글쓰기 장애' 등 오래 품어 온 다른 문제들로 생각을 확장해 보길 바란다. 또한 이 두려움은 바보로 여겨지는 것에 대한 두려움(명예 상실)과 실제로 바보가 되는 것에 대한 두려움(비정상적인 마음 상태에 대한 두려움)으로 구성된 어리석음에 대한 두려움과도 깊은 관련이 있다.

유령에 대한 두려움을 추가해 보자. 창조 작업을 방해하는 요인 중 하나는 교사, 권위자, 부모, 위대한 스승에게 압도당하는 것이다. 진정한 자아로부터의 탈선은 종종 이상화된 타자(부모, 연인, 교사, 과거의 스승, 영웅)와의 비교 또는 선망에서 시작된다. 천재나 스타는 우리가 결코 도달할 수 없는 목표로서 설정된다. 이런 인물들은 우리보다 훨씬 뛰어나기 때문에 처음부터 입을 다물고 있는 편이 낫다.

〈남의 귀에 나팔을 부는 사람〉, 레오나르도 다 빈치

한편 우리는 부모나 스승은 물론 과거의 위대한 창조자의 유령을 두려워할 수 있다. 브람스가 베토벤의 유령을 두려워했듯이 현대의 교향곡 작곡가는 브람스의 유령을 두려워할지 모른다. 브람스가 22년 동안 첫 교향곡을 완성하지 못한 이유는 베토벤이라는 유령을 등에 업고 있었기 때문이다. 그는 1894년 친구 헤르만 레비에게 보내는 편지에서 "저 거인한테 쫓기는 기분을 자네는 모를 거야!"[55]라고 썼다. 거인의 어깨에 올라타는 건 좋지만 거인이 자신의 어깨에 올라타게 두지 말자! 공중에서 달랑거릴 공간 없이 바닥에 닿은 거인의 다리가 우리를 옴짝달싹 못 하게 만들 테니 말이다.

완벽주의와 그의 쌍둥이 형제인 미루기는 늘 함께 다닌다. 우리는 모든 걸 해내야 하고, 모든 걸 가져야 하고, 모든 것이 되려고 한다. 이런 완벽주의가 우리에게 미치는 영향은 다른 어떤 장애물보다 강력하다. 완벽주의는 우리를 판단의 유령과 대면하게 하는데, 결코 그 기대치에 맞출 수 없기에 우리는 미루기의 수렁에 빠지게 된다. 이러한 미루기는 시기심과 같은 감정, 전능함이나 위대한 성공에 대한 환상, 반대로 희생자나 불운에 대한 환상에 대처할 비생산적인 해결책을 만들어 낸다.

또 다른 유령으로는 거만하거나 평범하지 않은 사람으로 보일지 모른다는 두려움이 있다. 우리는 학교에서 또래 친구들로부터 중요한 것을 배운다. 바로 지적·예술적으로 뛰어나면 사회에서 고립될 수 있다는 사실이다. 성공에 대한 두려움은 실패에 대한 두려움만큼이나 강력하다. 때로는 부모가 이를 조장하기도 한다. 부모는 자녀가 뛰어난 능력을 발휘하도록 격려하면서도 선을 넘지 않고 적당히 평범하기를 바란다. 그러면 아이는 자기만의 방식으로 스스로를 표현하면 있는 그대로 사랑받지 못하거나 인정받지 못할 거라는 두려움에 사로잡힐 수 있다. 이는 단지 두려움에서 그치는 게 아니라 현실이 되는 경우가 많다.

이 밖에도 우리 주위를 떠도는 많은 과거의 유령이 있다. 우리는 과거가 다른 방향으로 흘러갔더라면 어땠을까, 이렇게 했어야 하는데, 저렇게 할 수 있었을 텐데 하며 스스로를 괴롭힌다. 이런 자기 고문의 굴레에서 벗어나려면, 진정한 창조성이란 이상한 모양의 자아를 포함해 손에 잡히는 갖가지 재료로 작업하는 브리콜라주에서 나온다는 사실을 명심해야 한다.

우리는 많은 것을 이루었음에도 사람들이 가짜라고 생각할까 봐 두려워한다. 과거 교직에 몸담고 있을 때를 돌이켜 보면, 테이블에 둘러앉은 학생들이 서로 자기만 이해하지 못한 줄 알고 입을 열기 부끄러워하는 상황이 종종 있었다. 이런 어리석음에 대한 두려움과 실수에 대한 두려움은 어렸을 때 학습한 수치심이라는 감정과 맞닿아 있다. 그러다 누군가 먼저 말을 꺼내면 안정감을 느낀 다른 학생이 "나만 그런 줄 알았는데!" 하며 말을 꺼내는 순간이 온다. 그러면 이제 모두가 비슷한 감정을 드러내고, 마침내 열린 마음으로 모두가 똑같이 서툴고 미숙한 존재임을 받아들이면서 다 함께 진심으로 배워 나가는 일이 가능해진다.

판단의 유령은 종종 돈, 패션, 정치적 요소, 창조적 표현에 대한 세상의 무관심 같은 외적 장애물로 위장해 나타난다. 심지어 사랑하는 사람이 그 역할을 맡을 수도 있다. 우리는 스스로 통제할 수 없는 상황, 고약한 운명, 경쟁자, 옹졸한 폭군으로부터 고통받는 희생자가 된다. 이런 순간에는 놀이의 힘이 완전히 증발해 버린 것처럼 느껴진다. 어린 시절의 종말은 '냉혹한 현실'과의 만남이며, 이것이 바로 '태초의 낙원으로부터의 타락'이라는 신화의 근원이다. 냉혹한 현실의 뿌리는 판단에 대한 두려움, 실패에 대한 두려움, 좌절감이자 창조성에 대항하는 사회의 방어책이다.

이제 우리는 이 수수께끼 같은 유령이 우리가 자아라고 부르는 존재의 자기 집착적 습관임을 알게 되었다. 정신분석가들은 이 유령을 내적투사[introject]라고 부른다. 내적투사란 우리가 충분히 좋은 사람인지, 똑똑한지, 키나 체격이 적당한지 등을 의심하게 만드는 부모 혹은 다른 판단의 목소리와 우리가 어떤 사람이 되어야 하고 어떤 걸 가져야 하는지를 지시하는 희망의 목소리가 자기도 모르는 사이에 내면화되는 것을 말한다.

희망과 두려움은 모두 판단의 유령이 가진 기능이다. 자라는 동안 이 목소리가 지시하는 말들이 자아에 달라붙어 '나'라는 존재 또는 작은 자아를 층층이 쌓아 간다. 판단의 유령은 늘 최고만을 고집한다. 생존, 경쟁, 자존심을 걱정한다. 수피교도들은 각자의 내면에 있는 이 마음을 나프스(Nafs)라고 불렀으며, 이를 제

〈유리젠〉, 윌리엄 블레이크

압하고 길들이는 여러 가지 수행법을 만들었다. 또한 블레이크는 판단의 유령을 사랑·상상력·유머에 길들지 않은 질투심에 찬 이성적 힘, 유리젠(Urizen)이라고 불렀다. 유리젠의 주된 (그리고 유일한) 무기는 두려움이다. 외부 환경이 어떠하든 상관없이, 이 두려움은 내면에 웅크리고 앉아 우리의 한 부분이 다른 부분을 강요하게 만듦으로써 영양분을 공급받는다.

판단의 유령은 부모, 교사, 상사, 정치적 폭군 등 익숙한 얼굴을 두려움에 덧씌워 의인화한다. 우리는 너무도 쉽게 이 유령을 표면화하고, 구체화하고, 타자 혹은 적으로 삼고, 자신을 억누르고 방해하는 외부의 모든 사람과 방해 요소에서 그것을 찾을 수 있다. 우리는 평생 이 유령을 찾아 헤매면서 창조적인 목소리를 잃은 좌절감을 주변의 다른 사람과 상황 탓으로 돌릴 수 있다. 이런 상황에서는 부담감에 짓눌려 어떤 말도 하기 힘들다. 자신을 가로막고 있는 존재의 실체를 찾느라 역설의 매듭에 묶여 버린다. 마치 불붙은 성냥을 들고 불을 찾는 것과 같다.

내려놓을수록 자유로워진다

화가는 자신이 무엇을 하고 있는지 알지 못할 때
비로소 훌륭한 작품을 남긴다.
- 에드가 드가(화가)[56]

직관이 발견되고 무의식이 의식화되는 일은 언제나 놀랍다. 시간이 지날수록 나에게 최고의 음악은 소재가 바닥났다고 느껴질 때, 이제 아무것도 남아 있지 않다고 여겨질 때, 웃음거리가 되기 전에 곡이 끝나야 한다고 느껴질 때 나온다. 그래서 억지로 마무리하려고 하는 순간에는 내 의도와 다르게 활이 멈추지 않는다! 내가 생각해 낸 마무리[cadence]가 변조되어 완전히 새로운 멜로디가 나올 때면 피와 뼈, 근육과 뇌에서 완전히 새롭고 예상치 못한 에너지가 솟구쳐 오르는 게 느껴진다. 새로 연주가 시작되는 셈이다. 시간은 저절로 두 배 세 배 늘어난다. 나는 사라지고 음악이 혼자 요리를 시작한다. 이 순간의 감정은 경이로움으로밖에 설명이 안 된다. '어떻게 이런 일이 일어나는 거지? 내 안에 이런

게 있을 줄이야!' 갑자기 연주자와 청중은 다른 세계로 가 버린다. 음악이 우리를 움직이는 것이다.

이런 경험이 쌓이면서 통제권을 내려놓는 일이 점점 편안하게 느껴졌다. 나는 활이 음악을 만들어 가듯 연주하기 시작했고, 여기서 내 역할은 그저 방해하지 않는 것뿐이었다. 바이올린이 자신의 생명력을 발휘할 수 있도록 내버려두고 나는 기쁜 마음으로 뒤로 물러섰다. 나의 의지를 악기에 담기 위해 기술·유연성·힘·지구력·근력·빠른 반응성을 추구하지 않고, 내면 깊은 곳의 음악을 연주하려는 창조적 충동이 자유롭게 뻗어나가도록 길을 열어 두었다. 나는 창조 활동을 하다가 가로막힌다면 그것은 내려놓기를 거부한 대가이며, 내려놓기는 패배가 아닌 기쁨과 무한한 창조의 세계로 나아가는 열쇠임을 깨달았다.

창조성이 벽에 가로막힐 때 빠지게 되는 함정 중 하나는 집중력이 부족했다거나 연습이 부족했다는 식의 자기 비난이다. 그러면 자기 자신에게 가부장적이거나 군국주의적인 태도를 보이게 된다. 스스로 일을 강요하고 일정에 따라 움직이면서 서약을 한다. 가장 위험한 함정은 '하려는 의지'와 '하지 않으려는 의지' 사이의 힘겨루기다. 자기 수양은 매우 중요하지만, 이는 경직됨으로써 얻을 수 있는 게 아니다. 가만히 앉아 내면의 공허함을 꿰뚫어 보고 그것을 적이나 장애물이 아닌 친구로 삼음으로써 얻을 수 있다.

벽에 부딪혔다면 명상을 해 보라. 자유롭게 연상하고, 자동

기술법으로 글을 쓰고, 자신에게 말을 걸고 답해 보라. 장애물을 가지고 놀되 작업장이라는 테메노스에 머물러라. 긴장을 풀고 장애물의 방해에 항복하되 테메노스를 떠나지 말라. 그러면 해결책이 나올 것이다. 부드럽게 견디면서 비전을 제시하는 인텔레토의 힘을 사용해 보라. 너무 위로 올라가지도 말고 너무 아래로 내려가지도 말고 0에 가까운 상태를 유지하며 머물러라.

감정을 억지로 누르려고 하면 그 깊이를 파악하기 어렵지만, 적절한 시간과 공간을 주고 감정이 흘러나오게 내버려두면 명확해진다. 어제는 창조성에 대한 자부심이나 무능력에 대한 자괴감으로 다가왔던 감정이 오늘은 내려놓으라는 신호로 받아들여질 수 있다.

우주의 법칙과 마찬가지로 개인의 창조성이란 문제도 당혹스럽고 역설적이다. 자신을 통제하고 묶는 매듭을 풀려고 애쓰는 시도는 이미 존재하는 자신과 멀어지는 일이다. 마치 이리저리 둘러보면서 몸에 붙어 있는 머리를 찾는 격이다. 선(禪) 수행자들이 선문답의 화두를 받고 명상을 할 때, 시뻘겋게 달아오른 쇠공을 입에 넣고 삼키지도 뱉지도 못하는 듯한 기분을 느끼는 것과 비슷하다.

너무 많이 쌓인 복잡성, 모순, 역설, 불가능에 압도당할 때가 있다. 몇 번이고 반복하고 모든 방법을 시도해 봐도 매번 좌절을 맛본다. 남은 방법은 벌떡 일어나 갑옷을 벗어 던지는 일뿐이다. 막막하고 무언가를 해야 한다는 압박감을 느끼면서 벼랑 끝에 선다. 차라리 뛰어내리는 게 낫겠다는 생각마저 든다. 그런데 문득 반드시 이 수수께끼를 풀어야 하는 건 아니라는 생각이 든다. 살아 있으니 그걸로 된 것이다. 어떻게든 이 상황을 뛰어넘고, 뒤엉킨 모순 덩어리를 던져 버리고, 내 안을 비운다. 그 순간 무언가 새로운 게 탄생한다. 다음 날 길을 걷다가 불현듯 단순한 해결책이 떠오른다.

통제하려는 마음을 내려놓아야 한다는 걸 알았다고 해서 목적을 가지고 의도적으로 내려놓는 시늉을 하는 건 전혀 도움이 되지 않는다. 내려놓기는 인위적이지 않고 진정성이 있어야 한다. 모든 희망과 두려움을 완전히 버려서 얻을 것도 없고 잃을 것도 없는 상태가 되어야 한다. 이런 통제하기와 내려놓기의 역설은 이성적으로 설명하기 힘들다. 실제로 경험해 봐야만 알 수 있다. 시인 루미는 다음과 같이 썼다.

약간의 재간으로
이것이 너의 것이 될 수 있으리라 생각하는가.

오직 그 재간을 버림으로써
바라는 바를 이루리라.

'좋음'과 '나쁨'은
늘 너에게서 나오니,

그것은 가라앉혀야 할 고통이다;
마음이 실을 잡아당길 때
실타래는 돌아간다.

주전자의 물이 끓을 때
불길이 모습을 드러내고,
물레방아가 돌아갈 때
강의 힘이 드러난다.

주전자 뚜껑을 닫아라
그리고 사랑의 열기로
마음을 채워라.[57]

우리는 통제하는 자아와 통제받는 자아로 자신을 나눈다. 예를 들어 음악가는 악기를 통제하는 법을 배우는 사람이라고 생각한다. 또 중독자나 미루는 사람에게 "스스로를 통제하라"라고 말하기도 한다. 이런 착각은 우리의 언어가 명사와 동사로 이루어진 데서 비롯된다. 즉 세상이 사물과 사물을 움직이는 힘으로 이루어져 있다고 믿는 것이다. 하지만 모든 생명체가 그렇듯이 '음악가-악기-청중-환경'으로 이루어진 체계는 상호작용하는 전체로서 분리될 수 없다. 이를 부분으로 나누어서는 안 된다.

내가 아는 한 승마 강사는 초보자들이 안장과 고삐 없이 말을 타게 한다. 도구나 보조 장치 없이 중력, 체중, 생각만으로 말을 다룰 수 있을 때까지 통제에 필요한 물리적인 도구를 주지 않는다. 그것이 말과 하나가 되고 말을 사랑하게 되는 방법이기 때문이다.

악기 연주도 스포츠다. 때로는 양보하고 때로는 고집을 피우기도 하는 고유의 생명력을 가진 존재와 함께 춤추는 일이다. 말과 마찬가지로 악기가 가진 양보와 저항의 특성은 무한히 구조화되고 스스로 유지되는 패턴을 형성한다. 악기는 자신의 생애를 통해 끊임없이 변화하고 움직이고 연주하고 죽고 순환한다. 이런 악기와 몸과 마음이 연결되면 힘들지 않게 연주할 수 있다. 또한 이런 연결 관계를 맺을 때 숙달이나 통제 같은 말은 무의미해진다.

힘들지 않게 연주하는 경지는 악기의 숙달이 아닌 악기를 삶의 동반자로 여기며 연주할 때 도달할 수 있다. 바이올린을 통제해야 할 대상으로 생각하거나 피아노, 펜, 붓, 컴퓨터, 몸을 통제 대상으로 생각하면 이들은 내 바깥에 있는 존재가 되어 버린다. 제한된 나, 스스로를 제한하는 나는 본질적으로 매듭에 묶여있다. 자기 정체성과 악기의 정체성 그리고 통제에 대한 환상을 내려놓지 않는 한 결코 자신만의 과정과 하나가 될 수 없다. 늘 마음의 매듭이 남아 있을 테니 말이다. 내려놓기와 신뢰 없이는 아무것도 없다.

지금부터는 앞서 언급했던 '창조하려면 사라져야 한다'라는 주제에 대해 더 깊고 풍부한 이야기를 해 보고자 한다. 언뜻 이 말은 역설적으로 보인다. 우리는 내면에 아무것도 없다는 느낌, 공허하고 쳇바퀴 도는 듯한 느낌이 들 때 일을 미루고 벽에 가로막히는 경험을 하기 때문이다. 그러나 사실 그때 우리 내면은 텅 빈 상태가 아니라 불필요한 것들로 가득 차 있다!

단지 표현이 그런 게 아니라 이것이 문제의 핵심이다. 관점을 바꿔서 자세히 들여다보면 가로막힌 상태에서 오는 공허함의 실체는 망상, 낡은 사고 체계, 욕망, 혐오, 혼란, 반쯤 소화된 기억, 충족되지 않은 희망과 기대가 소란스럽게 뒤엉킨 상태임이 보인다. 이 영적 쓰레기를 전부 내다 버려야 한다. 무조건적인 내려놓음만이 진정한 비움으로 이어지고, 그 비움의 자리에서 풍요롭고 자유로워질 수 있다.

우리는 내려놓을 때 생기는 멋진 비움의 공간에서 창조하고 응답한다. '멋진 비움의 공간'이라고 표현했지만, 대부분의 사람들은 비움의 상태를 끔찍하게 여긴다. 내면의 공허함이라는 메스껍고 불쾌한 느낌을 피하기 위해 온갖 자극으로 자신을 채우며 바쁘게 살아간다. 텅 빈 내면을 직면하는 일이 두렵고 불안할 수 있다. 하지만 그 안으로 들어가 실제로 비움의 상태가 되면 스스로 얼마나 강하고 효율적인 존재인지를 깨닫고 놀라게 된다. 오락거리나 정신을 산만하게 하는 내적 대화 없이 오직 텅 빈 상태로 있을 때만 우리는 눈앞의 모습, 소리, 느낌에 바로 응답할 수 있다.

〈하품하는 포대화상〉, 센가이 기본

텅 빈 상태가 되려면 예술, 영성, 창조성에 대한 개념을 포함해 자신에 대한 모든 이미지를 버려야 한다. 의식적으로 영적인 예술을 하고 있다고 생각한다면 이는 돈이나 명성을 얻기 위해 예술을 하는 것과 크게 다르지 않다. 결과를 얻고자 행동한다면 그 목적이 아주 고귀하고 존경할 만한 것일지라도 행동에 완전히 몰입하지 못했다는 뜻이다. 이것이 바로 놀이 속으로 사라지는 아이들을 보면서 얻을 수 있는 교훈이다.

악기, 연주나 연기, 찰나의 순간, 악기 위에서 손가락을 움직이는 느낌 속으로 풍덩 뛰어들어 보라. 몸과 마음을 잊고, 왜 내가 이러고 있는지 누가 여기에 있는지도 다 잊어 버려라. 이것이 기술의 본질이자 일을 예술로 만드는 본질이다. 자신을 비우면 영적인 예술가가 될 수 있다. 무조건적인 내려놓기는 삶이나 예술이 내게 건네는 것이 내 손, 내 이해력, 내 능력보다 훨씬 더 크다는 사실을 뼛속 깊이 깨달았을 때 가능하다.

9세기 중국의 위대한 선승인 운문(雲門)에게 한 승려가 물었다. "나무가 시들고 잎이 떨어지면 어떤 기분이 드십니까?" 빈손으로 벌거벗은 상태가 되어 붙잡을 것 하나 없어진다면, 믿고 의지한 모든 것이 사라진다면 어떨지 묻는 말이었다. 운문선사는 이렇게 답했다. "온몸이 가을바람을 쐬는 것이지."[58] 이 말에 담긴 뜻은, 훤히 드러나 있고 상처 입기 쉬운 취약한 마음 상태가 꼭 두려움이나 무력감일 필요는 없다는 것이다. 텅 빈 상태로 스스로를 내려놓을 때, 우리는 우주의 이치에 따라 존재하고 행동할 수 있다.

기꺼이 기다릴 줄 아는 태도

필름이 아무리 천천히 돌아가도,
영혼은 자신이 선택한 사진가를 위해 언제까지고 가만히 기다려 준다.
– 마이너 화이트(사진작가)[59]

정신과 의사이자 심령술사인 내 친구가 짝사랑으로 힘들어하는 한 여성의 이야기를 들려준 적이 있다. 이 내담자는 친구에게 사랑의 묘약을 만들어 달라고 사정했다. 이에 친구는 "네, 만들어 드릴 수 있습니다. 하지만 그렇게 하면 당신이 사랑하는 그 사람은 중요한 진화적 단계를 건너뛰게 되고, 나중에는 당신도 후회하게 될 거예요"라고 답했다.

가끔 나는 외로움이나 창조성에 반하는 암울한 삶에 갇힌 듯한 느낌, 열 번의 생을 살아도 끝내지 못할 만큼 크고 복잡한 일을 맡고 있다는 기분이 들 때가 있다. 물론 언제라도 깜짝 놀랄 만한 일, 돌파구, 새로운 변화가 찾아와 내 삶의 방정식을 바꿀 수 있음을 알고 있다. 하지만 눈에 보이는 것들만 보면서 그 안에 갇혀 있다고 느끼는 존재(에고, 굳어진 자아)와 너무 자주 나를 동일시한다. 일상의 요구와 나의 기대에 쫓겨서 뭔가를 해 볼 만한 시간적 여유와 마음의 여유가 없다. 그러다 보니 쉬운 결말, 마법의 묘약, 주의를 분산하거나 모든 것을 포기할 방법을 찾고 싶은 유혹을 느끼기도 한다.

이럴 때 우리는 삶과 예술의 가치에 대해 커다란 의심을 품게 된다. 불신과 자기 의심이 가진 최면 같은 힘은 실질적인 영향을 미친다. 따라서 마음을 대청소하고 스스로에게 내뱉은 부정적인 말을 그러모아 깨끗이 태워 버린 다음, 재가 가라앉을 때까지 충분한 시간을 가지고 기다려야 한다. 의심의 잔재와 내려놓음의 연금술에서 벗어나 충실한 태도로 다시 일어나야 한다.

충실한 태도란 장인(匠人)다운 태도로서 삼매에 들 때만 가능해진다. 내일로 다가온 마감이나 정해진 수명 등 시간을 의식하면 노력의 가치가 덜 소중하게 여겨질 수 있다. 장인다운 태도는 비이원론이다. 자신과 일을 구분하지 않고 하나로 본다. 일을 할 때 '나'라는 주체와 대상인 객체를 분리해서 행동하면 일은 나와 다른 별개의 것이 된다. 그러면 빨리 일을 끝내고 일상으로 돌아가고 싶은 마음밖에 들지 않는다. 이런 태도로 현실을 살아가면 주체와 객체 사이에 창조를 방해하는 장애물이 끼어들고, 자동적으로 창조는 도전이 아닌 좌절의 경험이 된다. 하지만 예술과 삶이 하나가 되면 마치 무한한 시간과 에너지가 주어진 듯 문장 하나, 음표 하나, 색깔 하나하나에 몰입하면서 자유롭게 작업할 수 있다.

자기 정체성과 시간에 대해 여유롭고 풍요로운 마음가짐을 가진 사람은 확고하고 낙관적인 태도로 인내할 수 있으며 이로써 더 나은 결과를 얻을 수 있다. 이는 외부의 압박감 속에서 더 큰 생산성을 발휘하는 사람들의 특징이기도 하다. 역설적으로 압박감이 그들을 시간 개념이 사라진 고도의 집중 상태에 빠져들게 만든다. 반대로 긴 시간 일상을 내려놓고 수도원 같은 고요한 환경에서 일할 때 최상의 결과를 내는 사람도 있다. 이들은 꾸준한 작업과 배움 속에서 몇 주 혹은 몇 달이라는 시간을 아낌없이 투자할 때 확고한 집중 상태에 도달한다. 결국 신념은 인내의 내적 차원이다.

인내와 신념 사이에 등호가 필요한 이유는 "영혼은 언제까지고 가만히 기다려 준다"라는 믿음 없이는 세상에서 물러나 몇 시간이든 몇 년이든 해야 할 일을 하거나 성장할 수 없기 때문이다. 오늘날처럼 빠르게 변하는 세상에서는 나보다 먼저 신념을 갖고 해낸 사람들이 있음을 아는 것 외에 이 믿음을 뒷받침할 확실한 근거가 없다. 때로는 미친 짓처럼 보일지라도 우리가 세운 목적의 정당성, 그 길에서 나타나는 장애물, 시험, 교훈의 궁극적인 적절성, 그리고 개인적인 성장의 완전성과 신비로움에 대한 신념을 가져야 한다.

지금까지 삶과 예술에서 즉흥성이란 순간순간 쉬지 않고 흘러가며 매 순간을 경험하고 창조하는 일이라고 말해 왔지만, 그

반대도 마찬가지다. 한 걸음 물러서서 망원경으로 드넓은 시공간을 조망하듯 장기적인 안목으로 삶과 예술을 바라보는 일도 중요하다.

언젠가 친구와 함께 고대 스페인의 수도였던 그라나다의 한적한 구시가지를 걸은 적이 있다. 그러다 우연히 복원 중인 우뚝 솟은 오래된 교회를 만났는데, 한때는 장엄했던 곳이 이제는 먼지와 잔해가 널린 공사 현장이 되어 있었다. 친구와 나는 작업대 위로 올라가 홀로 일하고 있는 파코라는 인부와 이야기를 나누었다. 작은 키에 다부진 몸을 가진 그는 교회에 전깃줄을 연결하고 있었다. 그가 말하길, 수백 년 동안 교회에서 석유램프를 사용한 탓에 벽이 새까매졌다고 한다. 프레스코 벽화의 윤곽만을 겨우 알아볼 수 있을 만큼 벽은 그을음과 때로 뒤덮여 있었다. 그는 조명을 수리하고 나면 석조 부분을 보수하고, 그다음에 목조 부분을 손본 다음 프레스코 벽화를 전부 다시 칠할 계획이라고 말했다. 파란 작업복을 입은 이 사내가 평범한 인부는 아님이 분명해졌다. 나는 그에게 "꽤 오래 걸리겠는데요?" 하고 물었다. 그는 아흔 살이 될 때까지 매일 이 작업을 할 생각이고, 자신이 끝내지 못하면 다른 누군가가 이어받을 거라고 답했다.

과거의 견고하고 튼튼한 건축물과 현재의 흉측하고 조잡한 건축물의 차이를 실감하며 놀랄 때가 있다. 순수미술 분야에서는 여전히 아름다운 작품이 많이 나오지만, 일상적으로 접하는 도로·다리·건물·가구·(예전에는 예술과 장인정신이 깃들었던) 각종 생활용

〈깨어나는 노예〉, 미켈란젤로

품은 가장 쉽고 저렴한 방법으로 만들어지는 듯하다. 이런 차이는 빠름을 추구하고 시간을 들여 무언가를 만들어 내는 일을 사소하게 여기는 관점, 그리고 시간과 돈을 동일시하는 사고방식에서 비롯되었음이 분명하다. 긴 시간을 들인다는 신념으로 일한다면 대성당을 짓게 되고, 분기별 결산에 따라 움직인다면 못생긴 쇼핑몰을 짓게 되는 법이다.

현대에 만들어진 수많은 인공물이 볼품없어 보이는 건 본래 플라스틱이나 전자제품이 돌이나 나무보다 못나서가 아니다. 사람들이 예전보다 멍청해졌기 때문도 아니다. 사람과 사물 사이의 관계가 단절되었기 때문이다. 일과 놀이의 인위적인 분리는 시간과 집중력을 갈라놓는다. 신념의 태도는 나와 일이 하나이며, 이 둘이 하나의 큰 현실 속에서 유기적으로 존재한다고 말한다. 9시부터 5시까지는 일이라는 현실을 살고 해가 지면 또 다른 현실을 살아가는 건 불가능하다. 일과 놀이가 하나가 아닐 때, 일과 노동자가 하나가 되지 않을 때, 자아와 환경이 하나가 되지 않을 때, 결과물의 질은 무의미해지고 허울만이 남는다. 세상은 추악한 장소와 사물로 가득 찬다.

어떤 예술가는 작품 하나가 완성되기까지 반평생에 걸쳐 재작업을 하기도 한다. 즉흥 연주 또한 찰나의 순간 모든 디테일이 완벽하게 딱 들어맞는 연주를 하려면 수년간의 연습이 필요하다. 위대한 과학자나 학자는 완성도에 상관없이 우선 발표부터 해야 한다는 압박감에 짓눌린 사람이 아니라, 자연의 설계 안에서 퍼즐 조각이 맞춰질 때까지 기꺼이 기다리는 사람이다. 즉흥 연주·작곡·글쓰기·발명·발견의 결실이 저절로 꽃을 피우는 듯 보일 수 있지만, 사실 그 배경에는 자연의 시간 안에서 무르익으리란 믿음으로 준비하고 가꾼 비옥한 토양이 깔려 있다.

누구에게나 깨달음은 찾아온다

문제를 해결하려고 적극적으로 노력했음에도 실패한 뒤에,
한동안 극도로 수동적인 정신 상태로 지내는 동안 갑자기 해결책이
떠올라 상황이 올바른 방향으로 흘러가는 경우가 있다. …
스코틀랜드의 한 유명한 물리학자는 영국의 물리학자들이
이런 현상을 일반적으로 인정한다고 말한 적이 있다.
"우리는 종종 세 가지 B에 관해 이야기합니다. 버스(Bus), 배스(Bath),
베드(Bed). 과학에서 위대한 발견이 탄생하는 곳이죠."

– 볼프강 쾰러(심리학자)[60]

책 첫머리에서 얘기한 피리 연주자는 마을에 와서 짧고 단순한
곡을 연주한다. 마을의 모든 사람이 그의 연주에 경탄하고, 그중
나이가 가장 많은 노인은 '신의 소리'라고 극찬한다. 그 후 청년
한 명이 그에게 가르침을 받겠다며 따라나선다. 제자는 모든 것
을 완벽하게 해내지만 신의 소리는 내지 못한다. 단지 능숙하고
전문적인 연주자가 되었을 뿐이다. 제자는 막다른 골목에 부딪힐
때까지 성실하게 연습에 매진한다. 그러다 한계를 만나 좌절, 괴

로움, 실망에 직면한다. 가난과 술에 절어 인생의 바닥을 친 뒤 제자는 오랜 공백기를 가진다. 긴 역경의 시간이 지나고, 그는 수천 번도 넘게 연주했던 그 곡을 다시 연주한다. 그런데 이번에는 뭔가 다르다. 그의 연주에는 영혼이 담겨 있었다.

제자와 영혼 사이를 가로막고 있던 무언가가 사라졌다. 이제 그는 영혼을 얻었다. 그러나 이 이야기의 본질은 영혼의 획득에 있지 않다. 왜냐하면 그것은 태어날 때부터 이미 우리 안에 있기 때문이다. 제자가 경험을 대가로 얻은 교훈은 나와 진정한 자아 사이에 모호함, 잡음, 두려움, 망각 등 온갖 종류의 방해 요소가 끼어들어 내 안의 영혼을 볼 수 없게 만든다는 것이다. 놀랍게도 희망을 내려놓음으로써 제자는 영혼을 담아 연주할 수 있게 된다. 말하자면 이 이야기는 영혼의 성숙에 관한 것이다.

예술과 과학의 연대기는 수수께끼를 풀기 위해 필사적으로 노력했지만 끝내 한계에 부딪혀 포기하기에 이른 사람이, 다른 일을 하거나 꿈을 꾸는 동안 갑자기 동경하던 창조적 도약이나 통합을 이룬 이야기로 넘쳐난다. 성숙은 다른 데로 눈을 돌리고 있을 때 일어난다.

통찰력과 돌파구는 엄청난 노력 끝에 잠시 멈춰 쉬거나 재충전하는 시기에 찾아온다. 먼저 데이터를 축적하는 준비 기간이 있고, 그다음에 필수적이지만 예측할 수는 없는 변화가 따라온다. 같은 맥락에서 심리학자 윌리엄 제임스(William James)는 우리가 겨울에 수영을 배우고 여름에 스케이트를 배운다고 말했다.

우리는 지금 주의를 기울이지 않는 것, 과거에 연습하고 훈련했지만 지금은 휴면 상태에 있는 것에 대해서도 배운다. 때로는 하지 않는 것이 하는 것보다 더 생산적일 때가 있다.

창조 작업을 하다 보면 반드시 위기와 난관에 빠지게 된다. 극심한 압박감에 시달리며 괴로워하다가 도저히 문제를 해결할 방법이 없다는 생각에 사로잡혀서 간신히 동아줄 하나에 매달려 있는 듯한 기분을 느낀다. 그럴 때는 밑바닥까지 떨어져야 한다. 알코올중독이나 약물중독, 미루는 습관으로 고통받는 경우에도 일단 한번 '바닥을 쳐야' 회복의 길로 들어서는 통찰력을 얻을 수 있다.

가끔은 자신이 가진 도구를 써 보기 위해, 단 몇 줄의 글을 쓰기 위해, 제대로 된 음 하나를 내기 위해, 이런저런 방법을 찾고 시도하느라 하루를 허비했다는 기분이 들 때가 있다. 하지만 시간이 지나면 문제가 저절로 해결되곤 한다. 바보가 된 듯 느끼고 안 되는 일에 매달리는 것도 문제 해결의 한 단계이다. 절망은 끔찍하고 고통스럽지만 창조 과정에서 꼭 필요한 경험이다. 절망을 겪는다는 건 문제에 온몸을 던지고 있다는 방증이기도 하다.

과학의 영역에서 우리는 자연의 수수께끼 같은 데이터와 이를 이해하고 해석하는 자신의 능력 사이의 끝없는 간극을 마주한다. 예술 영역에서도 반쯤 직관적인 느낌과 상상력 그리고 그것을 이해하고 표현하는 능력 사이의 간극, 즉 T.S. 엘리엇이 (연작시 〈네 개의 사중주〉에서) '정제되지 않은 감정의 부대'로 묘사하는 격차를 맞닥뜨린다. 창조의 순간은 그 간극을 메우고 잠들어 있는 감각을 일깨울 때 찾아온다.

창조적 돌파구는 긴장이 풀린 이완 상태나 내려놓음의 순간에 찾아오기도 한다. 이런 맥락에서 월트 휘트먼(Walt Whitman)은 빈둥거림의 가치를 강조한다. 하지만 이완 상태는 게으르거나 무기력함을 뜻하지 않는다. 그보다는 경계를 늦추지 않는 평형 상태, 눈앞의 순간에 따라 어떤 방향으로든 전환할 수 있는 준비 태세를 의미한다. 실체를 모르는 무언가를 향해 나아갈 때 우리는 흥분과 전율을 느낀다.

영적이고 미적인 영감은 겉보기에 아무것도 하지 않는 것처럼 보일 때 찾아오는 경우가 많다. 앞서 실수의 힘에 관해 이야기하면서 삶의 방해 요소가 때로는 해답이 될 수도 있음을 살펴보았다. 방해 요소에 주목하면 상황을 새롭게 바라볼 수 있고 그 안에서 연금술의 금을 찾을 수 있다. 이러한 창조적 과정의 요소에는 배양과 성숙뿐 아니라 "저기를 보세요!"라고 말하며 관심을 전환하는 최면 기법도 포함된다. 저쪽을 바라보는 동안 이쪽에 있는 것이 변화한다.

한동안 창조적인 문제를 안고 살다 보면 그것에 '문제'라는 이름표가 따라붙고, 그 순간 창조적 과정은 신선함을 잃어 버린다. 우리는 문제에 갇히고 문제가 우리를 단단히 옭아맨다. 악순환이 시작된다. 억지로 상황을 해결하려고 하면 문제가 더욱 견고해진다. 그런데 잠시 그 일을 제쳐 두고 다른 일을 시작하면 그것은 더 이상 '문제'가 되지 않는다. 나를 옭아매던 문제에 사로잡히지 않고 새로운 작업을 진행할 수 있다. 놀랍게도 아무리 고통스럽고 답이 보이지 않는 문제라도 집착을 내려놓으면 해결책이 보인다. 이런 이유로 낮잠[la siesta], 잠시 모든 것을 내려놓고 몸과 마음이 온전히 즐기는 휴식은 영적 깨달음에 도달하는 강력한 수단이 될 수 있다.

지난 4천 년의 인류 역사 동안 가장 급진적인 사회·정치적 발명품은 안식일이다. 안식일의 존재는 (제도 종교가 부과하는 규칙과 규정을 무시하고 볼 때) 앞만 보고 달려온 일상에서 벗어나 잠시 쉬면서 자신을 돌아보고 계시받을 시간과 공간을 마련할 필요가 있음을 분명하게 보여 준다.

자신을 신뢰하면 의식적인 방어기제가 해제되어 무의식의 총체가 드러난다. 이는 심리치료의 한 과정으로서, 자신의 방어기제를 느슨하게 하면 내면의 더 깊은 원천에서 반응할 수 있다. 노력과 휴식을 적절히 조화시키면 준비된 자에게 찾아오는 행운을 맞이할 토대가 마련된다.

다시 베버-페히너의 법칙을 떠올려 보자. 어떤 대상에 매몰되고 집착하는 마음은 촛불 50개가 타오르는 방에 51번째 촛불을 켜도 알아차리지 못하는 마음과 같다. 내려놓으면 마음이 이완되어 촛불이 거의 없거나 심지어 전혀 타지 않는 상태가 된다. 이때 창조적 불꽃이 타오른다면 본능적으로 알아차릴 수 있으며, 무엇보다 그것을 즉각 행동으로 옮길 수 있다.

《벽암록》의 100번째이자 마지막 화두는 '무엇이 머리카락을 베는 검(취모검)인가?'이다. 머리카락 한 올을 날려 보내면 닿자마자 두 동강이 날 만큼 날카로운 정신의 칼, 그런 마음의 칼날은 무엇일까? 지금 이 순간의 칼날은 무엇일까?

이에 파릉선사가 답했다.
"산호 가지마다 달이 걸렸구나."

달빛이 비치는 해변에 서서 젖은 산호가 반짝이는 모습을 내려다보고 있다고 상상해 보라. 달빛은 산호에 반사되어 빛의 속도로 우리 눈에 들어온다. 인간의 기준으로는 찰나의 순간이다. 아무런 방해 없이 직접 전달된 달 전체가 마치 홀로그램처럼 산호 가지 하나하나에서 반짝인다. 수천 개의 반짝임 하나하나가 모두 완전한 달의 모습이다. 날카롭고 강력한 도구를 가지려면, 스스로 날카롭고 강력한 도구가 되려면, 극도의 민감함으로 주변에 널린 깨달음의 순간을 포착해야 한다. 작가 데이비드 로렌스(D.H. Lawrence)는 그 찰나의 순간을 "내가 아닌" 것에 비유했다.

내가 아니라 나를 통해 불어오는 바람!
미풍이 시간의 방향을 새로이 바꾼다.
미풍에 나를 맡기고, 나를 데려가게 할 수 있다면, 나를 데려가 준다면!

내가 민감하고 예민하고 섬세한, 날개 달린 창조물이었다면!

무엇보다 사랑스러운 나를 온전히 양보하고 맡길 수 있다면!

세상의 혼돈을 헤쳐 나가는 미세하고 미세한 바람에

정교하고 날카로운 끝처럼 쐐기 날이 꽂혀 있네

그 쐐기 날의 날카로운 끝처럼 단단하고 예리하다면

보이지 않는 힘이 휘둘러 준다면,

바위를 가르고, 경이로움에 이르고, 헤리페리데스(Hesperides,

그리스신화에 나오는 여신)를 찾을 텐데.

오, 내 영혼에 솟구치는 경이로움을 위해,

나는 좋은 샘이 되고, 훌륭한 우물이 되리,

속삭임으로 물을 흐리지도, 표현으로 더럽히지도 않으리.

저 두드리는 소리는 무엇인가?

한밤중에 문 두드리는 소리는 무엇인가?

누군가 우리를 해치려 한다.

아니, 아니다. 세 명의 낯선 천사다.

받아들이자, 그들을 받아들이자.[61]

여러 번 문을 두드린 후 다시 바라보면, 벽에 가로막히는 경험과 돌파구를 찾는 경험이 모두 자연스러운 성숙의 과정임을 알게 된다. 이런 열림은 단순히 휴식과 다시 보기가 아닌 잉태의 과정이다. 이 과정의 한 단계에서 우리는 기술을 갈고 닦고 단계별로 시도한다. 다른 단계에서는 의식적인 사고가 아래로 가라앉아 무의식적 사고와 동화된다. 그런 다음 무의식의 영역에 머묾으로써 재료가 다시 수면 위로 떠올라 풍성해지고 성숙해지는 마법과도 같은 단계에 이른다. 물론 실제로 다시 떠오르는 건 작업의 재료가 아니다. 그것을 다룰 수 있을 만큼 무르익고 준비가 된 우리 자신이다.

자유로운 놀이가 시작되는 순간, 우리는 더 이상 이런 단계를 인식하거나 신경 쓰지 않는다. 놀이 자체가 놀이를 이끈다.

가르침의 영역에서 우리는 아이디어와 통찰력이 오랜 시간을 두고 키워 나가야 할 대상임을 안다. 아이디어를 표현하는 데 가장 서툰 학생이 실제로는 아이디어를 가장 깊이 흡수하고 제대로 처리해 내는 경우가 있다. 이는 개인의 학습에도 고스란히 적용되는데, 가장 막막하고 안 풀린다고 생각하는 영역이 실은 가장 풍요로운 금광일 수 있다. 가르침에서 침묵은 때로 매우 강력한 도구이다.

주의 깊게 살펴보면 꿈은 심층 정보의 또 다른 원천이다. 창조적인 사람은 잠을 자는 동안에도 자신의 질문에 대해 생각하며 놀이를 한다. 우리가 잠든 순간에도 삶은 놀라움으로 가득 차 있다. 우리 안에는 끊임없이 밖으로 나오고 싶어 하는 무언가가 있으며, 이는 희망과 두려움에 대한 집착을 의식적으로 놓아 버릴 때 더 쉽게 나타난다. 이를 통해 우리는 내면 깊은 곳으로부터 설명하기 어려운 잠재적 성장이 일어나고 있음을 알게 된다.

마치 생명의 탄생처럼 창조적인 표현은 우리가 충분히 무르익었을 때 저절로 터져 나온다. 〈욥기〉32:19-20의 구절처럼 말이다.

> 내 배는 입구를 봉한 포도주 통 같고
> 터지기 직전의 새 가죽부대 같구나
> 내가 말을 하여야 시원할 것이니
> 내 입을 열어 대답하리라.[62]

"영혼은 자신이 선택한 사진가를 위해 언제까지고 가만히 기다려 준다." 앞서 소개한 마이너 화이트(Minor White)의 말이다. 하지만 예술가들은 자신이 '선택된' 존재인지 아닌지 확신하지 못한다. 피리를 배우던 제자도 끝까지 인내하며 노력했지만 결국 포기고 만다. 하지만 그의 영혼이 어두운 밤을 지나는 동안에도 그동안 쌓아 온 연습의 시간이 무의식중에 그를 이끌고 있었다.

무의식의 마음을 다룰 때는 수면 아래서 헤엄치는 눈에 보이지 않는 다양한 생명체로 가득한 바다를 다루듯 해야 한다. 창조 작업을 하면서 우리는 물고기 한 마리를 잡으려고 한다. 그렇다고 물고기를 죽여서는 안 되고 생명을 불어넣는 방식으로 잡아야 한다. 마침내 물고기를 수면 위로 잡아 올려 땅 위에서도 걸어 다니게 만들면, 이를 본 사람들은 자신에게도 그와 비슷한 물고기가 있음을 알아차릴 것이다. 수면 아래 물고기들, 즉 무의식적인 생각은 수동적으로 '저 아래'에 떠 있는 게 아니라 스스로 움직이고 성장하고 변화한다. 의식적 마음은 관찰자 또는 침입자에 불과하다. 그래서 칼 융(Carl Gustav Jung)은 무의식의 깊숙한 곳을 '객관적 정신'이라고 불렀다.

도교의 스승들은 무위(無爲)의 기술을 가르쳤다. 동서양의 여러 전통에서는 무위(아무것도 하지 않는 것과는 다르다)를 일이 일어나게 내버려두고 삶과 일의 흐름에 아주 약간, 슬며시 개입하는 기술이라고 말한다. 우리는 문제를 해결하고 강요하고 바로잡으려는 열망이 너무 크다. 또 우리가 직면한 많은 문제는 지금 당장 행동하기를 요구하는 것처럼 보인다. 인내심을 가지고 일이 무르익을 때까지 내버려둘 필요가 있음에도 선의라는 명목으로 간섭하고 싶은 유혹을 느낀다. 밀어붙이길 자제하고 현재 진행되고 있는 작업이 발전하도록 허용하는 일은 고통스러울 만큼 힘들 수 있다.

시는 쓰이기 전부터 존재했을까? 아이디어는 알려지기 전부터 존재했을까? 당연하다! 아직 듣지 못한 음악을 들으려면 어디로 가야 할까? 내면으로 주의를 돌리면 귀 기울여 들을 수 있는 공간이 있다. 내면으로 들어가 가만히 기다리면 음악 소리가 들려오기 시작한다. 소크라테스와 노예의 대화를 떠올려 보라. 소크라테스의 질문은 노예의 방대한 잠재 지식을 일깨우고 무르익

게 했다.[63]

장자는 "고요한 마음은 온 우주를 항복시킨다"[64]라고 했다. 이 상태의 본질적인 특성은 얻을 것도 없고 잃을 것도 없는 지점에 도달함이다. 깨달음을 얻고 생사를 초월하기 위해 오랜 세월 방황하며 열정적으로 고뇌하고, 영적 스승들을 찾아가 필사적으로 공부하고, 모든 불편함을 잊은 채 자기 부정과 고행을 실천했음에도 아무것도 얻지 못했던 석가모니의 명상과도 같다. 마침내 그는 자리를 털고 일어나 모든 것을 내려놓고 든든히 배를 채웠다. 그러고는 다시 자리에 앉아 명상을 시작하면서 내면에 위대한 변화가 찾아오기 전까지는 절대로 일어나지 않으리라 다짐했다. 욕구와 시간을 내려놓고, 거룩함·금욕·교활한 마음과 깨달음에 대한 생각마저 모조리 내려놓았을 때 비로소 그는 자유로워졌다. 필요하다면 텅 빈 상태로 영원히 '그냥 앉아'[65] 있을 수 있을 만큼 커다란 자유를 얻었다. 마침내 샛별이 떠올랐을 때 그

〈밤의 상념〉, 윌리엄 블레이크

는 완전한 해탈을 경험하고 스스로 깨어난 자, 붓다(Buddha)가 되었다.

이 장의 첫 부분에서 살펴본 두 가지 활동, 즉 의식을 지식으로 채우고 그다음에 무의식 속에서 이를 성숙시키는 과정은 즉흥적인 판단과 자유로운 놀이가 그러하듯 하나로 통합될 수 있다. 그러나 누군가 "창조성을 발휘하려면 먼저 의식에 해결할 대상과 데이터를 채운 다음 무의식 안에서 잘 익혀야 한다"라고 말한다면, 그는 여전히 이성적 지배를 받고 있는 것이다. 창조성(무의식적 지혜를 의식의 수면 위로 끌어내는 일)을 특별하고 초자연적인 현상으로 보고 있기 때문이다.

이러한 이성의 필터를 완전히 벗어 던지고 문제를 곧장 무의식으로 보낸다면 어떨까? 지금 이 순간 해안가를 우아하게 날아가는 펠리컨들이 그렇게 하고 있다. 동물의 삶은 전(前)의식적이고 전(前)개체적이다. 릴케(Rainer Maria Rilke)가 말한 '해석되지 않은 세상'[66]에 살고 있기에 그들의 행동은 자연스럽다. 붓다의 위대함은 의식 있는 사람으로서 이러한 힘을 성취한 데 있다. 삶과 더불어 흐르면서 매 순간 깨어 있는 초의식적 알아차림, 즉 깨달음은 누구에게나 일어날 수 있다.

4부

우리는
무엇을
만드는가

유혹하는 사랑의 에너지, 에로스

음악, 우리가 일상적으로 사용하는 이 단어는 다름 아닌 신의 초상이다.
우리가 음악을 사랑하는 이유는 그것이 신의 모습 그 자체이기 때문이다.

– 하즈라트 이나얏 칸(시인·철학자)[67]

창조 과정의 필수 요소 중 하나는 황홀경이다. 월트 휘트먼이 "나는 육체로 전해지는 전율을 노래한다"[68]라고 표현한 짜릿함이 그것이다. 놀이가 자유롭고 기술이 무르익을 때, 우리는 사랑을 음악으로 만드는 사랑을 음악으로 만든다.

음악(여기서는 시로서의 음악, 창조적 삶으로서의 음악을 모두 포괄한다)은 성적 욕망과 관능이 자유롭게 놀이하는 마음의 영역에서 연주된다. 욕망과 사랑의 신성한 원리인 에로스는 우리 내면의 가장 깊은 진화적 뿌리, 즉 창조하고 새로운 생명을 만들고 종을 재생산하려는 욕구에서 나온다. 이는 생명체 안에 내재된 창조적 에너지다. "에너지는 유일한 생명이며 육체로부터 나온다. 이성은 에너지의 외연 또는 둘레다. 에너지는 영원한 기쁨이다."[69] 윌리엄 블레이크의 말처럼, 이 기쁨은 우리가 판단의 유령으로부터 벗어나 외연을 확장할 때 솟아나는 힘과 생성성[generativity]의 원천이다.

이 힘은 그리스의 판(Pan)이나 힌두교의 크리슈나(Krishna)로 형상화된다. 판과 크리슈나는 피리를 부는 신, 장난꾸러기 신, 사랑의 신이다. 고대인들은 이 두 신을 우주의 생명력과 자유로운 놀이의 상징으로 여기며 숭배했다. 이 신들은 무속, 야성, 지하의 힘 등 신령한 에너지를 활용하는 릴라의 힘을 나타내기도 한다. 이들의 역할은 문화, 훈련, 정제의 도구를 사용해 예술가가 자기 존재의 근원을 인식하게 함으로써 그들로부터 자유롭고 숙련된 창조 작업을 끌어내는 것이다. 릴라는 깊고 신성한 정신세계로 사람들을 홀리듯 끌어들이는 방편이다. 음악, 시, 연극, 의례가 가진 리드미컬하고 주술적인 면에 의해 어디론가 이끌리거나 혹은 내면으로 빨려 들어갈 때 우리는 이러한 몰입감을 느낀다.

글을 쓰고, 연주하고, 작곡하고, 그림 그리고, 읽고 듣고 보는 모든 활동은 에로스가 이끄는 대로 휩쓸리는 과정이 필요하다. 사랑에 빠질 때처럼 자아의 변화가 필요하다.

크리슈나의 음악적 릴라는 거부할 수 없는 매력적인 소리다. 그는 주변의 모든 사람을 설레게 하고 매혹하지만, 또한 세상에서 가장 강력한 도덕적 힘을 상징한다.[70] 신화에서 그는 브린다반 마을의 소 치는 소녀들을 유혹하는 존재로 묘사되는데, 그가 소녀들을 쫓는 것이 아니라 그저 피리를 불기만 하면 소녀들이 달려온다. 의심할 여지 없는 신의 힘, 사랑과 다산의 힘으로 하룻밤에 무려 만 육천 명과 사랑을 나누었다는 이야기도 있다!

이 신화의 세계에는 육체와 정신을 둘로 구분하는 이원론이 존재하지 않는다. 신을 향한 육체적이고 영적인 열정은 우리가 성적 열정에 대해 가지고 있는 평범하고 제한된 관점을 훨씬 뛰어넘는다. 안정된 직장과 생활을 포기하고 연극판에 뛰어드는 사람이 경험하는 유혹이 바로 이런 것이다. 그들에게 유혹이란 사명감이고 사랑을 위한 예술이다. 이처럼 크고 깊은 욕망, 영적 열정을 마주할 때 우리는 지적·감정적·육체적·창조적 자원을 한데 모아 작업에 쏟아붓는다.

욕망을 뜻하는 단어 desire는 '자신의 별에서 멀어지다'라는 뜻의 de-sidere에서 유래했다. 즉 근원에서 멀어짐과 동시에 다시 돌아가고자 하는 강력한 자력을 의미한다. 수피교의 관점에서 '사랑하는 사람[beloved]'은 우리가 좋아하는 소중한 친구이고, '사랑하는 존재[Beloved]'는 궁극적인 친구이자 신이며, 이 둘은 하나다. 사랑은 사랑하는 사람으로부터 멀리 떨어져 있거나 가까이 있는 상태 사이의 공명, 둘인 상태와 하나인 상태 사이의 조화로운 떨림이다. 활쏘기에서 하나가 되고자 하는 화살과 과녁의 욕망은 궁수의 마음속에서 하나가 된다.[71] 야구에서도 마찬가지로 훌륭한 외야수는 공을 잡기 훨씬 전부터 이미 공과 하나가 되어 있다. 궁수는 활을 당길 때마다 자신과 대상, 자신과 도구의 상호침투를 느끼면서 갈망의 순간, 준비의 순간, 성취의 순간을 하나로 보는 인텔레토를 연습하고 있는 것이다.

자신의 악기, 조각칼, 무대, 컴퓨터와 사랑에 빠졌음을 깨닫는 순간이 있다. 음악, 미술, 문학, 요리, 물리학과 사랑에 빠지기도 한다. 아름다움, 잘 만들어진 공예품, 재료에 대한 사랑을 느끼기도 한다. 우리는 놀고 듣고 읽고 보고 배우는 행위에서 관능을 느낀다. 배우고 놀고 싶은 욕망, 즉 창조의 원동력은 우리 안에 내재되어 있는 스스로를 뛰어넘고자 하는 갈망이다.

왜 우리는 예술을 할까? 무수히 많은 진지한 동기가 있을 것이다. 이를테면 사람들을 세상의 불의에 눈뜨게 하거나 세상을 구원하기 위해서일 수 있다. 하지만 세상을 구하기 위해 하는 활동이 우리에게 즐거움을 주지 않는다면 삶이 무슨 의미가 있으며, 어떻게 이 활동을 계속해 나갈 온전함과 힘을 얻을 수 있을까? 창조성이라는 모험에서 가장 중요한 건 사랑과 즐거움이다. 우리는 존재의 순수한 즐거움을 위해 살고, 그 즐거움으로부터 수많은 예술 형식과 배움과 연민 어린 활동이 펼쳐진다.

무언가를 하고 싶고, 원인이 되고 싶고, 탐구하고 싶은 아이의 본능적인 욕망은 시간이 지나면 더 깊은 열정으로 진화한다. 이미 괴로움을 경험하고 막막함과 좌절감을 이겨 낸 뒤에 다시 예술의 세계로 돌아와 창조성을 되찾은 사람의 성숙한 열정이 바로 그것이다. 창조의 원동력은 단순히 어린아이가 부리는 황홀한 마법이 아니다. 거기에는 사랑과 긴장, 밀고 당기는 복잡한 춤에서 느껴지는 에로틱한 매혹이 있다. 마치 옛사랑으로 돌아가는 복잡한 춤사위와도 같다.

에로스는 친밀감뿐 아니라 긴장감도 함께 만들어 낸다. 에로틱한 관계에는 친밀한 접촉과 위기가 공존한다. 아름다운 대상 또는 감동을 주는 예술 작품과 사랑에 빠지기는 쉽다. 황홀감을 한껏 느끼고 집에 돌아가면 그만이다. 하지만 악기나 일과 사랑에 빠지는 건 사람과 사랑에 빠지는 것과 비슷하다. 사랑의 대상을 찾았다는 황홀감이나 기쁨을 경험하는 데서 그치는 게 아니라 관계를 유지하고 충족감을 얻기 위해 노력해야 하기 때문이다. 또한 환상이 깨져 버린 후에 본래의 자기 모습과 힘들게 대면해야 하며 육체적·감정적·지적 능력을 최대한 끌어올려야 한다. 인내심과 자신을 초월하는 능력이 시험대에 오른다.

에로스는 우리 외부에 존재하는 것, 다른 육체, 다른 인격, 다른 존재와의 결합이다. 다른 사람이라는 미지의 존재, 그 미지의 존재와 결합을 통해 우리는 혼자서는 상상할 수도 없었던 노래를 탄생시킨다. 그 노래 역시 사랑의 대상이다. 시인 옥타비오 파스(Octavio Paz)는 "존재는 에로티시즘이다"라고 말한다. "내 바깥에서, 초록빛과 황금빛 덤불 속에서, 흔들리는 나뭇가지 사이로, 미지의 존재가 노래한다."[72]

우리가 삶의 모든 장애물을 헤쳐 나갈 수 있게 하는 신비롭고 중대한 힘은 미완의 작품에 대한 사랑이다. G.K. 체스터턴(Chesterton)은 "건축과 창조의 가장 큰 차이는 건축물은 완성된 후에야 사랑받을 수 있지만 창조의 대상은 존재하기 전부터 사랑받는다는 점이다"⁷³라고 썼다. 건축물은 단순한 의식의 산물이다. 우리는 그것의 전부를 볼 수 있다. 그러나 창조에서는 무의식에서 떠오르는 강렬하고 깊은 패턴과의 에로틱한 결합으로 밀고 당기기를 하게 된다. 아직 탄생하지 않은 창조물은 보이지 않고 알 수도 없지만 우리는 그것이 거기에 있음을 알고 사랑한다. 그 사랑이 창조를 실현하는 원동력이 된다.

진행 중인 창조 작업은 다른 사람과 상호작용하며 서로를 알아 가는 경험과 비슷하다. 우리는 아직 태어나지 않은 창조물과 대화를 나눈다. 질문을 던지면 이해할 수 있는 대답이 돌아온다. 누군가를 사랑하는 일과 마찬가지로 창조 행위에 헌신하는 일은 알지 못하는 것, 나아가 알 수 없는 것에 대한 헌신이다.

이는 즐거움이나 기쁨을 넘어 미지의 세계를 향한 욕망이다. 욕망은 자신의 존재를 확인하기 위해 내면으로부터 예술 작품을 만들어 낸다. 우리는 이미 알고 있는 자아의 한계를 넘어 타자와 통합하고, 접촉하고, 느끼고, 형태를 바꾸고, 활력을 되찾고, 새로운 삶을 이루기 위해 노력한다. 인류 역사상 가장 야심 찬 행위 예술은 아마도 아폴로 우주선 발사 프로젝트일 것이다. 그 과정에서 얻은 놀라운 지구 사진은 한계를 넘어 미지의 세계를 향해 나아가고자 하는 인류의 열망을 보여 주는 대표적인 상징이다. 우리 안의 창조주 정신은 전체성을 더욱 완벽하게 표현할 수 있는 상징을 찾아 헤맨다.

라디오 주파수를 돌려 보라. 대부분 낭만적인 사랑에 대한

인도 코나라크 사원의 조각상

달콤한 노래가 흘러나올 것이다. 사랑은 사람들이 아무리 들어도 질려 하지 않는 소재다. 그만큼 중요하고 꼭 필요한 요소라는 뜻이다.

왜 그럴까? 사랑의 경험은 어린 시절이 끝나면 사뭇 달라진다. 피부라는 경계에 묶이지 않는다는 느낌, 자아를 둘러싼 껍질이 얼마든지 옮겨지고 뚫리고 용해되어 다른 사람과 하나로 섞일 수 있다는 느낌에 가까워진다. 에고는 바깥 경계 또는 껍질이자 정신이 세상에 드러내는 피부다. 사랑 앞에 자신을 내려놓는다는 건 나의 피부가 다른 사람의 피부에 닿음으로써 에고의 경계가 사라짐을 의미한다. 자아를 초월한 신비로움과 기쁨을 경험하는 순간이다. 분리되고 단절된 우리 사회는 결합, 근본적인 관계, 내려놓음에 대한 엄청난 갈망이 있다. 우리는 사랑하는 사람을 향해 자신의 친밀한 내면을 드러내고 자유로운 교환을 시작한다. 사랑에 빠지는 순간 '나'는 사라진다. 세상이 멈추고 서로가 별개의 자아이기를 멈춘다. 하나의 활동, 관능의 세계가 활짝 열린다.

인간과 신에 대한 사랑 그리고 둘 사이의 간극에서 오는 고통은 우리가 자신보다 더 큰 무언가, 거대한 시스템 또는 존재의 일부임을 가르쳐 준다. 사랑을 통해 우리는 애착과 상실이라는 커다란 교훈도 배운다.

에로스는 우리가 자아를 확장하도록 이끄는 동시에 사랑의 다른 측면인 연민을 길러 준다. 연민은 보고 듣고 만지는 대상에 공감하고 동일시하는 능력이다. 눈앞의 대상을 분리된 개체가 아니라 자신의 일부로 보는 것이다.

사랑은 물질적인 행위지만(성적인 사랑, 우정, 모성애와 부성애, 여러 종류의 헌신 등 모든 사랑은 행위다) 우리를 평범한 세상에서 신비로운 참여의 공간으로 끌어올린다. 우리는 점점 더 세심하게 상대방의 마음을 느끼고 섬세하게 맞춰 간다. 기꺼이, 얼마든지 참고 견뎌낸다. 어떤 의미에서 천재성은 연민과 맞닿아 있다. 둘 다 고통을 감내하는 무한한 능력을 포함하기 때문이다. 위대한 연인, 위대한 개혁가, 위대한 평화주의자는 개인적인 에고의 욕구를 뛰어넘어 세상의 외침을 들을 수 있는 사람이다. 이들이 행동하는 동기는 단순한 자기만족이 아니라 자신이 속한 더 큰 존재에 대한 만족이다. 천재성과 연민은 자신의 몸과 마음은 물론 다른 모든 사람의 몸과 마음을 보살피고자 하는 초월적인 태도, 고통을 받아들이는 철저함, 사소한 것에도 주의를 기울이는 세심함을 의미한다.

이것이 바로 다른 사람을 사랑하는 모험을 시작할 때 우리가 하는 행동이다. 받아들이고 함께 해방되기 위해 우리는 쉬운 방법이든 어려운 방법이든 가리지 않고 배운다. 이러한 받아들임, 연민, 자유롭게 흐르는 마음을 어떻게 우리와 접촉하는 모든 사람과 대상에게 전할 수 있을까?

내적 공명으로서의 예술의 질

그 스윙이 나오지 않는다면 아무런 의미가 없지.

— 듀크 엘링턴(재즈 피아노 연주자), 버버 마일리(트럼펫 연주자)

친구와 저녁 식사를 하러 가는 길에 나는 이 책에 관해 이야기했다. 독자들이 자신의 창조성에 불을 붙이고, 어떤 매체를 통해서든 내면의 상상력을 마음껏 표현할 수 있는 고유한 권리를 확인할 수 있었으면 한다고 말이다. 식당에 도착했을 때 친구는 나에게 손가락을 흔들어 보이며 말했다. 창조성을 마음껏 표현하게 하려는 시도가 자칫 특별할 것 없는 시 낭독, 지루한 콘서트, 쓰레기 같은 영화, 형편없는 그림으로 세상을 채우는 일로 이어지지 않기를 바란다고.

친구의 말을 들은 후 나는 우리가 반드시 물어야 하지만 답할 수는 없는 질문들에 대해 곰곰이 생각했다. 예술의 질이란 무엇일까? 무엇이 '좋은' 예술일까? 예술의 질이라는 수수께끼는 다소 시대에 뒤떨어져 낯설게 들리기까지 하는 단어 '아름다움'

을 연상시킨다. 이 외에도 나의 판도라 상자에서는 우아함, 고결함, 진실 같은 수많은 수수께끼가 쏟아져 나왔다.

'창조적'이란 무슨 뜻일까? 레오나르도 다 빈치를 묘사할 때 사용하는 이 단어를 취미로 그림을 그리는 아마추어 화가에게도 사용할 수 있을까? 지금까지 잘 알려지지 않은 예술 형태로 창조하거나 즉흥적으로 창조할 때 그 결과물이 진짜 가치 있는 작품인지 아닌지 어떻게 판별할까? 우리가 스스로를 속이고 있는지 아닌지 어떻게 알 수 있을까? 무엇이 미적 응답을 불러일으키며, 이를 어떻게 시험할 수 있을까? 예술적 성공과 진정성 사이에서 어떻게 균형을 잡을까?

지금부터 펼쳐질 예술의 질에 관한 이야기가 그다지 만족스럽지 못할 수 있음을 먼저 밝혀 둔다. 예술의 질이란 정확히 정의할 수 없는 대상이며, 나 또한 이를 정의하지 않을 것이기 때문이다. 그럼에도 예술의 질이란 분명히 존재하며 매우 중요하다는 점을 강조하고 싶다.

자유로운 놀이는 판단하는 마음으로, 판단하는 마음은 자유로운 놀이로 완급을 조절해야 한다. 삶과 예술이 공존할 수 있도록 두 극단 사이에서 끝없이 균형을 맞춰 나가야 한다. 자유로운 충동의 흐름과 끊임없는 평가, 품질에 대한 탐색전 사이에서 균형을 잡고 바로 서야 한다. 판단하는 마음이 부족하면 형편없는 결과물이 나오고 넘치면 벽에 부딪힌다. 자유롭게 창조 놀이를 하려면 내가 사라져야 한다. 기술이 완전히 몸에 배야 한다. 그렇게 함으로써 상상력과 규율, 열정과 정밀함의 대화가 앞뒤로 흐르게 해야 한다. 뿐만 아니라 일상의 연습을 통해 얻은 안정감과 미지의 세계를 향해 나아가는 활력도 조화를 이루어야 한다.

이는 몸의 근육에서 일어나듯 삶에서 일어나는 또 다른 수축-이완의 리듬이다. 이 움직임은 너무 경직되지 않고 반대로 너무 늘어지지도 않는 적절한 긴장 상태를 유지해야 한다. 인간의 본능적인 육체는 이러한 균형 잡기를 자동으로 수행한다. 한쪽 다리로 서 있으면 뇌는 몸을 왼쪽과 오른쪽 중 어디로 기울여야 할지를 안다. 사람이 머리를 써서 생각하거나 결정할 필요 없이 저절로 균형이 잡힌다. 이처럼 조화와 긴장을 적절히 유지하면, 질의 균형감이 계속해서 유지되리란 사실을 알고서 아이처럼 자신감과 즉흥성을 발휘해 창조 활동을 해 나갈 수 있다.

무엇이 좋고 가치 있고 아름다운지에 대한 견해와 정의는 무수히 많다. 사람마다 기준이 다르고 같은 사람이라도 순간순간 다르게 느낄 수 있기 때문이다. 예를 들어 다소 거칠고 투박하더라도 깊은 감동을 주는 작품이 있는가 하면, 정교하게 만들어지고 관능적인 아름다움과 진실을 드러낸 작품임에도 무미건조할 수 있다. 이는 너무도 당연한 일이라서 굳이 말을 덧붙일 필요가 없다.

예술을 구조화하는 방법과 작품을 해석하는 방법도 무수히 많다. 위대한 시, 소설, 교향곡, 그림에 대한 셀 수 없을 만큼 다양한 해석이 존재한다. 사람마다 해석이 다르고 같은 사람이라도 매번 해석이 달라질 수 있다. 나 역시 좋아하는 작품을 볼 때마다 늘 새로운 부분을 발견하곤 한다. 매 순간 나는 다른 사람이고, 각각의 나와 공명할 수 있는 다면성이 예술 작품 안에 담겨 있기 때문이다.

따라서 단일한 아름다움이나 질보다는 아름다움의 종류와 질적 요소에 관해 이야기하는 편이 나을지도 모르겠다. 아름다움에는 형식적 아름다움, 감정적 아름다움, 본질적 아름다움이 있다. 형식적 아름다움은 대칭, 비율, 조화와 관련이 있으며 대칭과 비율은 예술가의 스타일과 욕망에 따라 달라진다. 아름답게 짜인 협주곡이나 아름답게 흘러가는 즉흥 연주곡 안에서 음표 하나하나는 제자리를 갖고 있다. 음악 작품의 음색 하나하나, 문학 작품의 단어 하나하나는 서로 연결되어 함께 춤추는 완전한 합주다. 즉흥 연주의 질적 요소는 침투력, 흡수력, 공명, 흐름이다. 작곡의 질적 요소는 대칭, 분기, 분할, 전체성, 대립이 만들어 내는 긴장감이다.

소리는 언제 음악이 될까? 바흐의 캐논이나 올리비에 메시앙(Olivier Messiaen)의 〈새의 카탈로그〉, 새의 노랫소리가 음악적이지 않은 소리와 구별되는 지점은 무엇일까? 각각의 소리가 다른 소리의 질문에 답할 때, 소리의 무리가 다른 소리의 무리에 답할 때, 소리의 영역이 청중과 연주자 모두의 사고와 감정의 영역에 질문하고 답할 때, 그것은 음악이 된다. 다층적인 집합체로서의 음악은 온전하고 무결하다. 음악은 오랜 세월 진화해 온 생명체의 패턴과 유사한 의식적 활동이지만 의식에 제약받지 않는다. 유기체와 마찬가지로 음악에서도 분절, 분기, 대칭, 나선형, 복잡한 다양성 속에서의 통일성을 엿볼 수 있다. 또한 음악의 구조에서는 간결성, 경제성, 완결성, 일관성, 개방성을 볼 수 있다. 이는 구조적이고 형식적인 특성이지만 추상적이지 않다. 살아 있는 유기체로서 우리는 그것을 온몸으로 느낄 수 있기 때문이다.

형식적인 아름다움은 기술의 아름다움이기도 하다. 우리는 매와 펠리컨의 비행, 운동선수와 무용수의 움직임에서 수학자들이 말하는 우아함, 더 버릴 것도 없고 더 보탤 것도 없는 이상적인 질을 인식한다. 우아함(표현의 경제성)은 예술 활동에 없어서는 안 될 필수적인 긴장감 중 하나로 제멋대로 움직이기(본성과 상상력의 분방함)와 상반되는 개념이다. 이 두 가지 성향 모두 우리의 작업에 예술성을 부여한다.

질적 요소를 갖추고 있고, 노련한 기술을 가졌으며, 재미와 감동을 준다고 해서 다 예술이 되는 건 아니다. 예술이 되려면 의식적이면서도 무의식적인 측면, 즉 예술가와 관객이 공유하는 경험인 감정적 현실과 연결되어야 한다.

다시 한번 강조하지만, 통상적인 아름다움과 예쁨이 예술적 아름다움은 아니다. 피카소의 〈게르니카〉나 폰테코르보 (Pontecorvo)의 영화 〈알제리 전투〉와 같이 공포나 추악함, 정치적 억압이나 고문을 가감 없이 묘사한 영화, 연극, 그림을 떠올려 보라. 이들 역시 아름답다.

감정을 표현하고 자극하는 아름다움이 있는가 하면, 생각을 표현하고 자극하는 아름다움도 있다. 그러나 보다 깊은 차원으로 들어가면 (여기서 우리는 아마도 바흐를 떠올릴 것이다) 덧없이 사라지고 마는 감정이나 생각과 달리 존재의 근원을 환기하는 아름다움이 있다. 일종의 연금술에 의해 우리는 감정, 기술, 사고, 상상력을 넘어선 살아 있음 혹은 존재함에 직접 참여하는 신비로운 경험에 빠진다. 이는 아름다움을 눈앞에 있는 수만 가지 존재를 통해 빛나는 '하나의 존재[一者]'로 바라보는 신비주의자의 관점이다. 이런 생명 자체의 직접적인 표현은 분석하거나 정의할 수 없지만 우리가 그것을 경험할 때 의심할 여지가 없어진다. 사람은 자신이 하는 일에 지적·감정적으로 몰입하거나, 상상으로 몰입하거나, 물리적으로 몰입할 수 있지만 참된 진정성은 전적으로 몰입할 때 드러난다. 그런 순간이 오면 거장 음악가가 들었던 속삭임이 들려올 것이다. "신의 소리군!"

예술의 질, 아름다움, 놀이, 사랑, 신성함은 정의할 수 없지만 알아볼 수는 있다. 이들은 우리 존재가 대상과 공명할 때 인식된다. 우리는 약간의 의식과 (개인적·집단적 무의식, 몸에 새겨진 10억 년에 달하는 역사를 포함한) 많은 무의식을 가진 존재다. 우리에게 깊은 감동을 주는 예술 작품, 꿈, 사건은 의식과 무의식의 경계를 가로지른다. 이는 우리가 아는 사소한 것과 존재라는 거대한 것 사이에서 일어나는 교환이다. 우리는 무엇이 좋고 아름다운지 정의할 수 없다. 정의는 이성적 의식의 상대적이고 작은 영역에서 속하기 때문이다. 하지만 우리의 전체 자아를 안테나나 공명기로 삼아 그것을 감지할 수 있다. 놀이도 마찬가지다. 놀이가 무엇인지 정의할 수 있는 사람은 없다. 하지만 동물원에 있는 원숭이나 수달을 보면 누구나 놀이가 무엇인지 알 수 있다.

예술의 질 역시 정의할 수 없다. 하지만 피리를 배우던 제자가 그랬듯이, 질에 대해 생각해 보는 것만으로도 지금 우리가 하고 있는 탐구의 가치가 높아진다. 제자는 재능이 뛰어난 젊은 음악가이고, 기술적으로 완벽했으며, 음악적 기교를 연습하고 숙달

〈마법의 연회〉, 윌리엄 블레이크

했을뿐더러 풍부한 내면과 강력한 동기를 가졌다. 하지만 '무언가 부족한 것'이 있었는데, 바로 질이었다. 스승은 제자에게 무엇이 부족한지 이야기해 줄 수 없었다. 그도 모르기 때문이다. 예술의 질은 스승 역시도 정의할 수 없는 대상이다. 제자는 스스로 답을 찾아야 했다. 다른 누군가에게서 얻은 지식은 내 것이 아니다. 지식과 예술은 자신의 마음속에서 무르익게 해야 한다.

우리는 영화나 연극을 보면서 특정 순간에 눈물을 흘리곤 한다. 소위 예술성이 없는 작품을 보면서도 그럴 때가 있다. 무언가 '심금을 울렸기' 때문이다. 공명 현상 또는 공감의 진동 현상을 분명하게 드러낸다는 점에서, 이 표현이 아주 정확하다. 방 안에 있는 두 대의 바이올린 중 하나의 현을 울리면 다른 바이올린도 같은 음색으로 공명한다. 공명을 느낀다는 건 노래하는 대상과 나를 동일시한다는 신호다. 예술의 질이란 그레고리 베이트슨이 '연결해 주는 패턴'이라고 불렀던 것에 대한 인식이다.

예술의 아름다움과 질에 대한 인식에는 생물학적 요소가 있다. 이는 아름다움이 인위적인 것에 반대되는 자연스러운 것이라는 의미가 아니다. 첨단기술이 들어가거나 추상적이거나 컴퓨터화된 예술 형태도 자연 풍경이나 하이쿠만큼 신비로운 생동감을 가질 수 있다. 생물학적이란 말은 우리가 서로 연결되어 있으며 복잡성, 역동성, 자기중심적 흐름과 무의식적 우아함을 지녔기에 나름의 생명력을 지닌 다른 존재에게 공명하거나 연민을 느끼며 진동할 수 있을 만큼 마음이 풍요롭고 오래되었음을 의미한다.

예술이 생명력을 가질 때 그것은 우리 마음과 공명한다. 지식이 생명력을 가질 때 그것은 세상의 깊은 구조와 공명한다.

기도하는 랍비에 관한 유명한 유대교 이야기가 있다. 그의 기도에는 평생에 걸친 배움과 열렬한 신앙이 반영되어 있었다. 음악적이면서도 깊은 이해와 열정, 연민이 담겨 있는 수준 높은 기도였다. 언젠가 유대교 대축일에 그가 회당에서 기도를 올렸는데, 그 깊이와 강렬함이 진정한 깨달음에 이르렀다. 그 순간 천사가 내려와 말했다. "당신의 기도는 매우 훌륭하지만, 아무개 동네의 아무개가 하는 기도에는 미치지 못하는군요." 랍비는 조금 당황했지만 곧 그 아무개를 찾아가 배움을 얻어야겠다고 결심했다.

어느 날 랍비는 아무개가 사는 마을로 가서 그를 찾았다. 그런데 만나고 보니 아무개는 글도 못 읽는 장사꾼이었다. 랍비는 아무개라는 이름의 동명이인이 있는지 물었지만 그는 아니라고 대답했다. 뭔가 잘못되었다고 생각한 랍비는 발길을 돌리려다가 혹시나 하는 마음에 지난 대축일에 어떻게 기도를 올렸는지 물었다. 아무개는 "배운 사람, 기술자, 예술가들에게 둘러싸이는 바람에 어찌할 바를 몰랐지요. 제가 아는 건 알파벳의 첫 열 글자뿐이었으니까요. 그래서 신에게 '제가 가진 건 이 열 글자뿐입니다. 이것들을 가져가서 당신이 원하는 대로 결합하시옵소서' 하고 기도했습니다"라고 말했다.

모든 지식과 예술은 기껏해야 한 각도에서 바라본 불완전한 시선일 뿐이다. 가진 거라곤 알파벳 열 글자가 다인 아무개가 모든 것을 내려놓고 그저 초월적인 아름다움과 진실에 자신을 바쳤듯이, 지식과 예술을 넘어 살아 있는 전체와 공명함으로써 우리는 전체가 될 수 있다.

삶과 예술에서의 즉흥성, 자유로운 놀이의 회복, 창조성을 일깨우는 이 모든 작업은 자기 자신과 자신의 비전에 진실해지는 일이다. 또한 지금 우리가 가진 자아와 비전 너머의 발견되지 않은 전체성에 진실해지는 일이다. 예술의 질은 결국 진실의 문제다. "아름다움은 진실이고 진실은 아름다움이다. 이것이 우리가 지상에서 아는 모든 것, 알아야 할 모든 것이다."⁷⁴ 존 키츠(John Keats)의 유명한 시구에 담긴 의미를 이제는 알 수 있다.

온전한 사람이 온전한 작품을 만든다. 따라서 교육은 단순히 정보의 전달이 아닌 온전한 사람이 되도록 가르치고 마음을 움직이고 활력을 불어넣는 일이어야 한다. 피리를 배우던 제자는 자신의 전부를 바쳐 예술이 무엇인지 스스로 배워야 했다. 낭만주의적 혹은 신비주의적 관점에서는 예술의 질을 기술이 가진 세부적인 특징을 통해 빛나는 '하나의 존재'로 여기며 본질적으로 단계를 나눌 수 없다고 본다. 대신 우리가 보고 만드는 예술에 온몸과 영혼으로 공명함으로써 이를 느낄 수 있다.

내면의 앎이 균형을 잃고 중심에서 벗어나면 예술의 질이 떨어질 수 있다. 자신으로부터, 내면의 공명기로부터 떨어져 나와 다른 사람의 기대나 자신의 제한된 욕망을 따르게 될 수도 있다. 이는 받아들여지고자 하는 마음, 독창성을 높이고자 하는 마음에서 비롯된다.

예술가를 굴복하게 하는 교활한 압력 중 하나는 대중에게 받아들여질 예술을 하라는 것이다. 선의의 조언가들은 X가 접근성이 좋고 시장성도 있으며 인기가 많다고 말할 것이다. 실제로 자연스럽게 X를 하면서 인기와 부를 얻는 예술가도 있을 수 있다. 하지만 갑자기 자신의 작품을 더 X스럽게 바꾸면 사람들은 그것이 진짜가 아님을 알아차린다. 자기 존재에서 나온 것이 아니기에 깊이 있고 진정성 있는 X가 될 수 없기 때문이다.

물론 더 명료한 소통을 위해 작업 방향에 변화를 주고 수정하는 일은 당연히 할 수 있는 시도다. 하지만 '저기 바깥 어딘가'에 존재하는 상상 속 시장을 만족시키기 위해 작은 것 하나라도 바꾸게 되면 모든 작업의 무결성과 독창성이 위험에 빠진다. 자신이 존재하는 곳, 진정 잘 알고 있는 공고한 기반에서 벗어나게 된다. 반면 자기만의 재료와 자기만의 방식으로 점점 더 진정성 있는 작품을 만들어 가면 사람들은 그것이 진짜임을 알아볼 것이다. 받아들여짐에 대한 유혹을 뿌리친다고 해서 대중을 배제하는 게 아니다. 오히려 진정한 공간을 창조함으로써 대중을 초대하는 것이다.

이상적으로는 예술가와 대중이 가까이서 상호 반응하며 서로의 마음과 생각을 쉽게 나눌 수 있어야 한다. 하지만 대중 경제와 대중 커뮤니케이션 세계에서 모든 제작자와 중개인은 예술 작품이 최하의 공통분모를 따라야 한다고 주장한다. 진부한 시장

조사와 광고가 예술가와 대중 사이의 자연스러운 소통인 체한다. 이는 누군가의 나쁜 의도라기보다 거대한 시스템과 제도가 가진 근본적인 특성 탓에 빚어지는 현상이다. 문제는 이러한 압력 아래서 예술가가 그 요구를 내면화하고 자신의 순수하고 자연스러운 목소리를 인위적으로 합성된 목소리와 바꾸게 될 수 있다는 점이다.

한편 의식적으로 독창적인 사람이 되려고 애쓰다 보면 다른 사람과 차별화되는 특별한 목소리나 모습을 추구하면서 잘못된 방향으로 나아갈 수 있다. 특히 젊은 예술가는 독창성과 새로움을 혼동하는 함정에 빠지기 쉽다. 독창성이란 과거나 현재와는 다른 무언가가 아닌 근원이 되는 것, 자신의 중심에서 행동하는 것을 의미한다. 즉흥적인 마음으로 한 일이 아주 오래전부터 이미 있던 무언가를 연상시키더라도 그것은 내 안에서 나온 것이기에 독창적이다.

독창적으로 보이고 싶은 욕심에 사로잡혀 처음의 아이디어를 거부하고 자신과 거리가 먼 것을 파고들 수도 있다. 그러나 처음 떠오른 그 생각이야말로 우리가 영감이라고 부르는 것이다(억지로 도를 추구하면 도에서 멀어지는 법이다). 뻔하고 지루해 보이는 그 생각에 머물러라. 우리는 모두 진화, 문화, 환경, 운명, 나름의 독특한 역사의 산물이기에 뻔하고 지루해 보이는 그것이야말로 분명 나만의 독창적인 무엇이다. 위대한 과학적·예술적·영적 발견 중에는 그전까지 모두가 두려운 마음에 또는 통념에 갇혀서 보거나 상상하지 못했던, 기가 막힐 만큼 뻔한 것들이 있다. 예를 들어 중세 천문학의 에피사이클(epicycle, 행성의 운동 궤도를 설명한 이론)처럼 아주 복잡하고 다루기 힘든 사고 구조는 '어린아이도 생각해 낼 법한' 단순한 명제(태양중심설)에 의해 무너졌다.

자신의 본래 모습에 충실할수록 역설적으로 내가 전달하는 메시지는 더 널리 받아들여진다. 자신의 개성을 더 깊이 탐구하고 발전시키면 집단적 의식과 집단적 무의식의 더 깊은 층을 뚫고 들어갈 수 있다. 다른 사람을 기쁘게 하려고 자신의 목소리를 바꿀 필요는 없다. 다른 사람과 차별화하기 위해 목소리를 바꿀 필요도 없다. 예술의 질은 내적 진실의 공명에서 비롯되며 공명으로 인정받는다. 이에 관한 소크라테스의 유명한 기도가 있다. "사랑하는 판 신이여, 그리고 이곳에 깃든 다른 모든 신이여, 내면의 영혼에 아름다움이 깃들게 하소서. 안과 밖이 하나가 되게 하소서."[75]

창조는 삶을 위한 예술이다

거칠고 적대적인 바흐의 세계와 우리의 세계에서,
음악의 창조는 우리의 정신과 삶을 위협하는 광기와 야만에 맞서 저항하고
삶을 긍정하고 자아를 보존할 수 있는 수단을 제공한다.
- 예후디 메뉴인(바이올리니스트)[76]

예술가들은 후손을 위해 무언가를 창조하고, 수백 년이 흘러도 살아남아 가치가 빛을 발하는 작품을 만드는 일에 대해 설득력 있게 이야기할 수 있었다. 작품의 수명은 전통적으로 질을 가늠하는 훌륭한 척도 중 하나였다.

하지만 오늘날 세상의 미래는 다소 불투명해 보인다. 무시무시한 양의 무기가 사방에 깔려 있고, 우리가 사는 도시·공기와 물·토양의 독성은 해가 지날수록 점점 더 심해지고 있다. 지구 전체의 생명 유지 체계가 흔들리고 있다. 얼마나 많은 후손이 살아남게 될지 확신할 수 없다. 수년 동안 우리는 세계와 문명이 계속해서 존재하고, 누군가를 위해 그리고 누군가와 함께 예술을

만들어 가기 위해 할 수 있는 일이 무엇일지 고민하고 이야기해 왔다. 또한 현재 상황을 해결하기 위해 각자의 방식으로 수많은 프로젝트에 참여해 왔다.

그런데 종종 문제를 해결하려는 이러한 시도가 오히려 상황을 악화시키는 경우가 있다. 복잡하게 얽히고 상호 연결된 지구 생태계의 네트워크를 다루기에는 우리의 이성적 능력이나 감정적 능력이 부족하기 때문이다. 이 난관을 헤쳐 나가기 위해 인간이 발휘할 수 있는 유일한 능력은 상상력이다. 파괴에 대한 유일한 해독제는 창조다. 우리는 지금 절체절명의 게임을 하고 있다. 완전히 몰락하거나 완전히 새로운 문명을 창조할 수 있는 시대를 살고 있다. 후손의 미래가 불확실한 지금, 예술은 그 어느 때보다 중요해졌다. 다시 말하지만 예술이란 단순한 기술적 능력이 아닌 유희성, 진지함, 연결성, 구조, 전체성, 예술을 향한 마음까지 포함하는 폭넓은 개념이다.

이 책에서 다루는 문제들은 개인의 창조성을 넘어서고 예술을 넘어선 활동을 지향한다. 일단 이를 '상상력 해방 전선'이라고 부르자. 예술을 위한 예술이 아닌 삶을 위한 예술을 향해 가는 길이라고 할까. 이는 오랫동안 창조성이 거의 배제되었던 삶의 영역에서 창조성이 폭발적인 존재감을 드러냄을 의미한다. 국제 정치, 수많은 생태적·경제적 재앙, 광신적 근본주의와 인종차별주의의 부활을 보면 관습적인 논리와 개념이 우리를 교착 상태에 빠뜨렸다고 해도 과언이 아니다. 여기서 빠져나오려면 창조적인 태도, 가능성으로 충만한 자유로운 놀이에 대한 열린 태도가 필요하다.

다른 어떤 분야보다 정치 분야에서 창조성을 가로막는 건 두려움이다. 인간이 자신을 길러 주고 품어 준 지구와 평화롭게 지내지 못하는 이유는 우리를 구시대적 사고와 기준에 가두어 버리는 경직성 때문이다. 전체주의 국가나 근본주의 종교가 언론, 미술, 영화를 비롯한 표현과 소통의 수단을 억압하는 이유도 여기에 있다. 특히 유머는 절대로 허용되지 않는 요소다.

현재 지구의 상태를 보면 비약적인 돌파구만이 해결책이 되리란 걸 알 수 있다. 기적이 필요한 시점이다. 다음 세대에서는 뛰어난 적응력, 창조성, 진화적인 도약을 이뤄 내야 한다. 개인의 예술 활동을 통해 우리는 창조적 돌파구가 특별한 메시아적 사건이 아니며 일상에서 얼마든지 일어날 수 있는 일임을 배웠다. 다섯 가지 두려움을 가라앉히고 강박을 연습으로 대체함으로써 영감의 순간을 늘려 나간다면 매일의 삶에 창조적 돌파구가 열릴 것이다.

"적은 밖이 아닌 내 안에 있다"라는 말이 있다. 살아남으려면 이 사실을 깨달아야 한다. 하지만 그에 못지않게 중요한 일은 내 안에 있는 위대한 작곡가, 위대한 창조자를 알아보는 것이다.

창조적 영감은 직업 예술가 같은 특별한 사람들의 전유물이 아니다. 자신이 가진 창조력을 직업 예술가에게 넘겨 주는 건 내 안에 존재하는 치유 능력을 믿지 않고 전적으로 의사에게 의

존하는 것과 다름없다. 물론 전문가는 꼭 필요한 존재다. 그들이 쌓아 온 지식, 전통, 자원이 우리 안에 있는 치유의 힘을 끌어내는 촉매제 역할을 해 주기 때문이다. 그러나 진정한 치유, 진정한 창조성은 스스로 이뤄 내야 한다. 그럼에도 우리는 위험을 무릅쓰고 그 힘을 포기한다. 시인 허버트 리드(Herbert Read) 경이 남긴 말을 되새겨 보자. "예술 작품을 창조하거나 감상하는 이들만이 삶을 미학적으로 바라볼 수 있는 게 아니다. 세상에서 일어나는 온갖 현상에 대해 타고난 감각을 자유롭게 발휘할 때, 그 결과로 삶이 절정의 행복으로 가득 찰 때, 삶은 아름답게 보인다."[77]

여기에는 두 가지 개념이 연결되어 있다. 창조성이 한순간에 머물지 않고 여러 순간으로 확장된다는 것, 또한 한 개인에 머물지 않고 여러 사람의 삶으로 확장된다는 것이다. 우리는 관객도 희생양도 아니다. 나와 내가 사는 세상을 만들어 가는 창조자이자 주체다. 그렇다고 특정한 해결책이나 문제에 대한 거창한 계획이 필요한 건 아니다. 삶의 해결책은 점점 더 많은 사람이 자신만의 삶과 예술을 창조하고, 자기 내면 깊은 곳에 있는 본성의 목소리에 귀 기울이고, 나아가 지구의 목소리에 귀를 기울이는 일과 같은 아주 작고 사소한 부분에 있기 때문이다.

창조성은 놀이에서 나오지만 놀이가 반드시 가치와 연결되는 건 아니다. 하지만 사랑과 헌신에는 늘 가치가 담겨 있다. 창조적 과정은 하나의 길이 아니며, 여러 층위와 수준의 의도와 개입을 가진 과정이다. 명상적 신비주의자는 자기 자신만을 대상으로 작업한다. 예술계에 종사하는 예술가는 재료만을 가지고 작업한다. 이 두 경우 모두 삶에서 가치와 신성함을 분리한다. 하지만 '상상력 해방 전선'에 있는 예술가들은 자아와 재료 모두를 가지고 작업하며 연민 어린 공감이라는 연금술을 완성한다.

우리가 일반적으로 창조성이라고 부르는 것에는 지적 능력, 분리된 사실 간의 연결성을 찾는 능력, 구시대적 사고를 깰 수 있는 능력, 대담함, 활력, 놀이 능력, 심지어 터무니없는 행동을 하는 엉뚱함 같은 요소들이 포함된다. 뛰어난 창조력을 가진 사람은 지극히 관습적인 분야에서도 이런 능력을 발휘한다. 이 능력은 긍정적으로 사용될 수도 있고 부정적으로 사용될 수도 있다. 창조성은 의료, 선전, 시(詩) 교육, 집이나 원자폭탄 설계와 같은 분야에서 나타날 수 있다. 인류의 위대한 업적을 낳은 놀이와 실험 능력은, 안타깝게도 수백만 년에 걸쳐 이루어진 진화의 성과를 단번에 무효화시키는 대량살상무기 개발에도 사용되었다.

창조 욕구는 창조성과는 다른 별개의 요소다. 창조 욕구가 있는 사람은 인기나 사회적 보상과는 상관없이 마음속 깊은 곳에 반드시 해야겠다고 느끼는 무언가를 품고 있다. 비전을 실현하고자 하는 내적 충동은 성취를 위해 창조성에 의존하지만 창조성과 같지는 않다. 영감을 받은 시인이나 음악가는 사실 광고 캠페인 디자이너보다 덜 창조적이고 덜 똑똑하고 덜 능숙하고 덜 독창적일 수 있다. 다만 비전을 실현해야 한다는 목숨을 건 절실한 욕구를 가졌을 뿐이다. 그러나 이토록 열정적인 창조 욕구가 늘 가치와 연결되는 건 아니다. 완벽주의자라고 해서 모두가 연민이 많거나 에고를 뛰어넘는 건 아니다. 작곡가처럼 집요하게 문제 해결에 매달린 물리학자가 폭탄을 만들어 내기도 한다. 랭보(Arthur Rimbaud)에 버금가는 명작을 남긴 천재적인 작가임에도 지루하다며 예술을 포기해 버린 사람도 있다.

창조 욕구 너머에는 더 깊은 차원의 헌신, 우리를 넘어선 전체와의 합일 상태가 있다. 이 합일의 요소가 우리의 놀이 형태에 주입되면 단순한 창조성, 단순한 목적이나 헌신을 넘어선 무언가, 즉 사랑으로 행동하는 상태가 된다. 사랑은 삶의 영속성과 관련이 있으며 깊이 간직된 가치와 불가분의 관계에 있다.

슬픔, 실망, 우울, 좌절 같은 감정에서 벗어나게 해 주는 글쓰기, 작곡하기, 그림 그리기, 춤추기의 힘을 생각하면 놀랍기 그지없다. 이런 활동은 오락이나 기분 전환을 위해서가 아니라 자신만의 길을 찾기 위해 하는 놀이다. 이 과정은 심리치료와 닮았다. 우리는 문제를 외면하기보다 새로운 틀에서 그것을 직면해야 한다. 인격화, 신화화, 상상, 조화의 능력은 인간의 삶에 주어진 커다란 축복이다. 우리는 마음속 미지의 대상을 개념화할 수 있고, 자칫 무의식적으로 방치하면 자신을 압도할 수 있는 내면의 힘과 함께 작업할 수도 있다. 이것이 바로 시(詩)의 마법이다. 시에는 말로 전하기 힘든 것을 말로 표현해 내는 힘이 있다.

예술 작업을 하다가 난관에 부딪히면 이를 창조적 문제라고 쉽게 생각할 수 있다. 하지만 이는 간접적으로 드러난 삶의 문제이기도 하다. 치유의 힘은 다른 방향으로도 작용한다. 피카소처럼 푸른색만으로 세상을 표현하는 데 몰두하고 있다면, 그 순간 우리는 삶의 다른 문제에도 매달려 있는 셈이다. 그 다른 문제란 무엇일까?

우리는 그것을 정의하거나 이해할 수 없지만 실행할 수는 있다. 13세기 일본의 선승 도겐(道元)은 다음과 같이 말했다. "불도(佛道)를 공부함은 스스로를 공부하는 것이다. 스스로를 공부함은 자기를 잊는 것이다. 자기를 잊음은 자신을 다른 사물처럼 인식하는 것이다. 이를 깨닫는다는 건 자신과 타인의 몸과 마음에서 벗어나는 것이다. 이 단계에 이르면 깨달음에 대한 생각조차 사라지고 그저 행하게 될 것이다."[78] 이 외에도 실행의 힘을 보여 주는 살아 있는 신화는 수없이 많다.

1988년 알래스카의 얼음 아래 고래 세 마리가 갇히는 일이 있었다. 이후 2주 동안 전 세계의 관심은 고래들과 얼음에 구멍을 뚫어 고래들을 탈출시키려는 인간의 노력에 집중되었다. 마침내 세 마리 중 두 마리가 탈출에 성공했다. 구출 작전이 진행되는 동안 카메라와 언론이 보여 준 집중적인 관심과 보도는 이 사건을 일상의 즉흥극으로 만들었다. 예측할 수 없고 각본도 없는 극적인 상황이었다. 한계는 알지만 경과나 결과를 알 수 없는 상황이 특정 공간 혹은 테메노스 안에서 실시간으로 펼쳐지며 강력한 상징적 의미를 드러냈다.

즉흥극은 극장에서만 이루어지는 게 아니다. 배우나 예술가라고 자칭하는 사람들만 참여할 수 있는 것도 아니다. 즉흥극의 재료인 미술, 음악, 춤은 항상 우리 주변에 존재한다. 다만 고래 구출 작전에서 보듯이 우리의 관심이 온전히 그 사건에 집중되고 몰입될 때, 온 마음으로 공감하고 참여할 때, 비로소 예술과 삶 사이를 오갈 수 있는 다리가 놓인다.

창조성은 삶과 마찬가지로 반복적인 과정이다. 유기체와 환경이 서로 통제하고 도움을 주고받는 상호작용이다. 인간처럼 의식을 가진 유기체는 모종의 신비한 힘이 자신을 도구로 (심지어 희생양으로) 이용한다고 느끼기도 한다. 하지만 그런 힘은 존재하지 않는다. 거대한 체계인 가이아(Gaia)와의 상호연결성이 있을 뿐이다. 생물학, 역사학 등에서는 지구가 실제로 단일 생명체라는 가이아 가설[79]을 뒷받침하는 근거들이 끊임없이 제시되고 있다.

후기 르네상스 이후 이성적이고 물질주의적인 인식론이 서구 문화의 방향성을 결정하고 난 뒤 (그 뿌리는 고대로 거슬러 올라간다) 우리는 인간을 맥락이나 환경, 즉 예술·꿈·종교·무의식적 환경과 연결 짓기를 거부해 왔다. 그러나 그레고리 베이트슨은 예술, 종교, 꿈이 의식의 협소함을 보완하고 바로잡는 데 얼마나 중요한 요소인지를 보여 주었다.[80] 어떤 분야에서 창조 활동을 하든지 상관없이 치유는 무의식적 총체성, 내재적 역설을 이해하는 방식으로 세상을 다루는 법을 배우는 것이다. "단지 예쁜 시만이 아니라 생명체가 만들어진 논리까지 이해하는 일"[81]이다. 미술, 음악, 시, 역설, 성례, 연극 등 현대인이 외면하는 것들이야말로 우리에게 필요한 치료제다. 플라톤 역시 《티마이오스》에서 인간이 잃어 버린 온전함을 회복하려면 반드시 연극과 의례가 필요하다고 말한다.

인간의 신성과 유사한 운동은 사고(思考)와 우주의 회전이다. 모든 사람은 세상의 조화와 회전을 배움으로써 태어날 때부터 비틀린 뇌 회로를 바로잡고, 사고의 주체와 객체를 일치시켜 자기 고유의 본성을 새롭게 해야 한다.[82]

〈태양의 음악〉, 레메디오스 바로

창조적 작업의 원천이자 궁극적인 목표는 정신의 온전함, 세상의 온전함에 있다. 여기서 예술의 치유적 성격이 드러난다. 자연의 질서, 즉 큰 자아와의 통합은 맥락·자연·균형 속에서 자신을 재발견하고 드러내면서 창조적 목소리를 해방하는 일이다. 이 당연한 본질이 은폐되어 있기에 우리는 병에 걸린다. 이 본질을 깨닫는다면 영혼의 병에서 회복될 것이다.

이 책의 머리말에서 나는 우리에게 창조의 권리가 있다고 말했다. 이것이 바로 상상력 해방 전선의 신조다. 우리는 아름답고 건강한 세상에서 살 권리가 있다. 아니, 이는 적확한 표현이 아니다. 예술과 아름다운 세상은 힘든 노력과 자유로운 놀이를 통해 얻어지기 때문이다. 따라서 이는 권리가 아닌 특권이다. 우리는 그 특권을 얻기 위해 일할 권리가 있다. 우리의 일은 예술과 생존, 예술과 치유, 예술과 사회 변화를 잇는다. 아름다움에 대한 욕구, 건강에 대한 욕구, 정치적 자유에 대한 욕구 사이에 연결고리를 만든다.

인간의 자유, 공동체, 창조성을 가로막는 장애물은 완전한 인간이 됨으로써 뛰어넘어야 한다. 문화와 예술은 생존을 위한 필수 요소다. 예술, 과학, 기술, 일상에서의 창조는 인간 실현의 주된 원천이다. 창조성은 획일성을 대체해 사회적 존재의 기본 원리가 될 수 있다.

창조성을 통한 자유로운 놀이는 삶을 임의로 조작하는 능력이 아니다. 삶을 있는 그대로 경험하는 능력이다. 존재의 경험은 아름다움과 인식을 구현하는 존재의 본질을 반영한다. 자유로운 놀이는 개개인이 이러한 경험을 할 수 있게 해 준다. 자유의 목표는 인간의 창조성, 삶의 가치 향상과 정교화다. 창조성에는 항상 어느 정도의 절제와 자제, 자기희생이 따른다. 또한 창조 과정에서 계획과 즉흥성은 하나가 되고 이성과 직관은 진실의 두 얼굴이 된다.

우리는 지금 개인으로서, 국가로서, 인류라는 한 종으로서 거대하고 혼란스러운 변화의 소용돌이 안에 있다. 오랫동안 같은 방식으로 작동해 온 익숙한 정치 체계, 생산 체계, 문화 체계, 사고 및 인식 체계가 더 이상 제대로 굴러가지 않고 있다. 이는 도전의 시기가 왔음을 의미한다. 우리는 지나가고 있거나 이미 지나간 것에 집착할 수도 있고, 자기 자신이나 사회나 지구가 맞이할 궁극적인 결과를 이미 알고 있다고 단언하지 않으면서 창조적 과정에 한 수를 걸어 볼 수도 있다. 심지어 모든 것을 내려놓을 수도 있다. 이 도전을 받아들이는 건 자유를 소중히 여기고, 삶을 포용하고, 의미를 찾아 나서는 일이다.

창조를 향한 끝없는 열정과 헌신

예술가의 삶은 갈등으로 가득할 수밖에 없다.
삶의 행복, 만족, 안정에 대한 인간의 공통된 갈망과 모든 개인적인 욕망을
무시할 수 있는 창작에 대한 무자비한 열정이라는 두 가지 힘이 내면에서
전쟁 중이기 때문이다. … 창조적인 불이 가져다주는 신성한 선물에 대해
값비싼 대가를 치러야 한다는 규칙에는 예외가 없다.

− 칼 융

창조의 자유는 엄청난 장애물을 극복함으로써 얻는 개인적 진화의 결실이다. 창조적 삶의 생애주기에서 우리는 최소한 세 단계를 거친다. 순수(혹은 발견) 단계, 경험(혹은 몰락) 단계, 통합(혹은 회복이나 숙달) 단계다. 탄생, 위기, 돌파의 이 과정은 단순하지 않고 선형적이지도 않다. 각 단계는 평생 복잡하게 변화하고 서로 얽히는 과정을 반복한다.

우리의 본래 상태인 순수 단계에서 릴라는 자유로운 놀이에 순수하게 몰입하는 아이의 '사라지기' 경험으로부터 자라난다.

그러나 어느 순간 우리는 삶이라는 전투, 이 땅에 본질적으로 내재되어 있는 듯한 수많은 악행을 마주한다. 또한 두려움과 판단하는 마음 같은 내면의 장애물도 마주친다. 때로는 돌파구에 다다르기 전까지 영혼의 어두운 밤을 견뎌야 할 때도 있다. 피리를 배우던 제자가 그랬듯이 말이다. 그러다 또 어느 순간 순수함을 회복하는 단계에 이른다. 성숙한 예술가는 나선형을 그리듯 어린아이의 놀이 상태로 되돌아온다. 거기에 이르기까지 숱한 두려움과 시행착오를 겪으면서 더욱 단단하고 노련해진 상태로 돌아온다. 평생의 여정과 그 과정에서 경험하는 기쁨, 실패, 좌절 끝에 우리는 어느 시인의 말처럼 출발점으로 되돌아와 처음으로 그것을 깨닫게 된다.

돌파구 혹은 되돌아감의 순간은 순수성이 다시 깨어난 삼매의 상태다. 예술가는 도구를 집어들 때마다 더 이상 얻을 것도 없고 잃을 것도 없는 본래의 놀이하는 마음을 회복해야 한다. 그래야 비로소 진정한 작업을 할 수 있다.

무의식적으로 받아들인 타인의 기준과 판단을 모두 내려놓고, 오직 자신의 행동에 스스로 책임을 지며, 고르디우스의 매듭(Gordian knot)을 잘라 버리는 특별한 순간이 찾아온다. 그런 순간이 오면 모든 어려움과 장벽이 사라지고 명료하고 막힘없이 메시지가 전달된다. 이는 수수께끼와도 같아서 직접 경험한 후에야 믿을 수 있다. 그 효과는 개념적이라기보다 생리적이다. 일종의 파나가 일어난다. 나는 사라지고 나를 연주하는 음악의 매개체,

파동만이 남는다. 창조의 힘은 낡은 기준과 틀, 오래된 사실과 감정으로 막혀 있는 기억으로부터 우리를 해방한다. 중독, 미루는 습관, 두려움은 이 파동에 실려 떠내려가고 우리의 음악은 그대로 큰 자아의 메시지가 된다.

이때 비로소 우리는 사라질 수 있게 된다. 이와 관련해 버지니아 울프는 거의 알려지지 않은 셰익스피어의 삶에 관한 흥미로운 글을 남겼다(세상에 알려진 셰익스피어의 전기는 세 쪽을 넘지 않는다).

> 우리는 셰익스피어의 마음 상태에 대해 아무것도 모른다고 말하면서도 그의 마음 상태에 대해 이야기한다. 같은 시대를 살았던 존 던이나 벤 존슨이나 존 밀턴에 비해 셰익스피어에 대해 알려진 사실이 거의 없다시피 한 이유는 아마도 그가 마음속에 품은 원한이나 앙심, 반감이 감춰져 있기 때문일 것이다. 따라서 작품을 보며 그의 본 모습을 드러내는 무언가에 사로잡힐 일도 없다. 저항하고 설교하고 부상당했음을 선포하고 원한을 갚으려는 작가의 모든 욕구는 그의 바깥으로 분출되고 소진되었다. 그리하여 그의 시는 그로부터 자유롭고 거침없이 흘러나온다. 자신의 작품을 온전하게 표현해 낸 이가 있다면 바로 셰익스피어다. 거칠 것 없이 강렬한 빛을 발하며, 서점 판매대의 한 자리에서 눈길을 끄는 정신이 있다면 바로 셰익스피어의 정신이다.[83]

악순환의 고리, 판단하려는 마음, 창조성에 대한 사회의 방어벽, 내재된 삶의 좌절과 실망, 이 장애물 중 어떤 것도 통제되거나 정복될 수 없다. 지금껏 보았듯이 통제나 정복이라는 개념은 '우리 그리고 그것들'이라는 이원론적 태도를 내포하며, 이는 형태만 바꾸어 계속해서 장애물이 다시 생겨나게 하기 때문이다. 하지만 더 높고 깊은 힘에 자신을 맡기면 장애물을 흡수하고 조화시킬 수 있다. 창조성의 해방과 자각은 우주를 달래거나 우주에 저항하는 대신 자신이 그것의 일부임을 받아들이고 우주와 진정한 관계를 맺을 때 찾아온다.

프랭크 허버트(Frank Herbert)의 소설 《듄》에 나오는 한 등장인물은 "하나의 생명체가 일단 자신의 특성을 가지게 되면 반대로 바뀌기보다 오히려 죽는 편이 더 쉽다"[84]라고 말한다. 하지만 꼭 그렇지는 않다. 큰 도약을 이루고, 자아에 집착하는 에고를 죽이고, 그러면서도 건강하게 살아남을 수 있다. 창조란 기원전 4004년에 일어난 허구적 사건이 아니라 지금 여기서 우리가 할 수 있는 일이다. 상상력은 우리의 진정한 자아이자 우리 안에 살아 숨 쉬는 창조신이다. 부활이란 물리적 죽음을 되돌리는 일이 아니라 지금 우리가 이룰 수 있는 변화의 탄생, 자아의 재탄생이다. 헨리 밀러(Henry Miller)는 이러한 전환점에 대해 다음과 같이 썼다.

내 삶은 그 자체로 예술 작품이 되었다. 나는 목소리를 되찾았고 다시 온전해졌다. 그 경험은 선 수행자의 삶에 관해 읽은 이야기와 매우 비슷했다. 내가 겪은 큰 실패는 결국 인간이라는 종이 거치는 경험을 되풀이하는 것에 불과했다. 나는 지식에 물들고, 모든 것의 부질없음을 깨닫고, 모든 것을 부수고 절망한 뒤에야 겸손해졌다. 그리고 진정성을 회복하기 위해 나 자신을 깨끗이 닦았다. 나는 벼랑 끝에 다다라 어둠 속으로 뛰어들었다.[85]

창조의 공식은 간단하다. 오랫동안 짊어지고 다닌 무거운 여행 가방을 내려놓듯 자신을 가로막는 장애물이 무엇인지 파악하고 치우기만 하면 된다. 우리가 구름처럼 자유롭고 여유롭다면 우리 안에 있는 창조성은 자연스럽게, 단순하게 유유히 흘러나올 것이다. "빛이 있으라"라고 말하는 것만큼이나 쉽다. 하지만 쉽게 말할 수 있는 것일수록 실천하기는 어려운 법이다. 우리는 필사적으로 무언가에 집착하고, 무언가를 얻어야겠다는 생각이나 피해야겠다는 생각에 집착하고, 그것을 얻은 후에는 유지해야겠다는 생각에 집착한다. 어디를 가든 그런 집착에서 벗어나지 못하기에 피난처도 구원도 휴가도 없다. 자신에 대한 편협하고 제한적인 시각에 사로잡혀서 많은 것을 움켜쥐고 있을 뿐이다.

비결은 그 무언가를 놓아버리는 것이다. 이는 상실이 아니라 풍요로워짐이다. 희망이나 두려움을 벗어 던지고 훨씬 광대하고 단순하며 진정한 자아가 드러나게 하는 것, 세상을 움직이는 위대한 도(道)에 자신을 맡기는 일이다. 창조적 예술가가 마주해야 할 궁극적인 문제는 이러한 전환점, 즉 내려놓음으로써 얻게 되는 변화의 순간에 어떻게 도달할 것인가이다. 또한 이것이 어떻게 자신의 창조적 목소리에 힘을 실어 주고 생명을 불어넣는가에 관한 것이다.

> 조주(趙州)가 스승 남천(南泉)에게 물었다.
> "도란 무엇입니까?"
> 남천이 답했다.
> "평상심이 곧 도이니라."
> "어떻게 하면 도를 얻을 수 있습니까?"
> "얻으려 하면 얻을 수 없느니라."
> "얻으려 하지 않는다면 그것이 도인지 어떻게 알 수 있습니까?"
> "도는 알고 모르는 것이 아니니라. 앎이란 착각이고 알지 못함이란 어리석음이다. 진정한 도를 얻었다면 그것은 한없이 너른 하늘과 같으리라. 그러니 어찌 도에 옳고 그름이 있겠는가?"
> 이 말을 들은 조주는 단박에 깨달음을 얻었다.

후대의 선승 무문(無門)은 이 유명한 대화를 다음과 같이 풀었다.

봄에는 온갖 꽃이 피고 가을에는 달이 뜨네

여름에는 시원한 바람 불고 겨울에는 흰 눈 내리네

쓸데없는 생각이 마음을 어지럽히지 않는다면

모든 날이 좋은 날이로다.[86]

바이올린 활은 13인치 현 위를 오가고 화가의 붓은 캔버스를 누빈다. 한정된 공간에서 무한히 펼쳐지는 놀이다. 활과 붓은 전체적인 형태와 세밀한 디테일이라는 두 차원 모두에서 의미가 구현될 때까지 움직임을 멈추지 않는다. 그 움직임과 의미는 새롭고 신선해야 하며, 영원한 진리를 다시금 확인시켜 줘야 하며, 재미와 즐거움을 주는 동시에 완벽히 독립적이면서도 열려 있어야 한다. 그러나 천 년 동안 놀이를 이어 가더라도 이러한 요구를 완전히 충족할 수는 없다. 기호와 단어, 음악, 그림을 통해 의미를 표현하고자 하는 사람은 이 불가능한 과업을 받아들이고 기꺼이 큰 좌절을 감수하려는 의지를 가져야 한다. 이를테면 돈키호테 (Don Quixote)의 정신이 필요하다. 우리의 놀이가 온갖 방해를 이겨 내고 마침내 결실을 맺는 모습을 지켜보려면 열정적이고 가공할 만한 헌신이 필요하다.

베토벤은 서른두 살에 청력을 회복할 수 없다는 사실을 깨달았다. 게다가 평생 외롭고 고독하게 살리란 것도 예견했다. 그는 빛·공기·행복에 관한 불후의 명작인 교향곡 제2번을 작곡한 그해 여름 절망에 찬 이른 유언을 남겼는데, 이른바 '하일리겐슈

타트의 유서(Heiligenstadt Testament)'다. 훗날 베토벤은 이 시기에 대해 다음과 같이 썼다. "해야 할 선행이 남아 있는 사람이 자발적으로 삶과 작별해서는 안 된다는 글을 어디선가 읽지 않았다면 나는 이미 오래전에 세상을 떠났을 것이다."[87]

음악사에 한 획을 그은 영웅 교향곡은 당시 베토벤이 마음속에서 격렬히 일어나는 갈등을 딛고 탄생시킨 작품이다. 동시대 사람들이 묘사하는 베토벤은 끔찍하게 불운하고, 염세적이며, 운명에 복종하고 저항하기를 반복한 인물이다. 귀가 멀고 괴팍한 성격의 소유자였던 베토벤, 그런 그가 세상 누구보다 기쁨을 많이 노래한 위대한 시인으로 길이 남을 수 있었던 건 절망을 초월하고 내려놓는 길을 선택했기 때문이다.

창조성을 멈출 수 있는 것은 없다. 삶이 기쁨으로 가득하다면 그 기쁨이 창조의 원동력이 된다. 삶이 슬픔으로 가득하다면 그 슬픔이 창조의 원동력이 된다. 감옥에서 탄생한 예술은 무수히 많다. 대표적인 예가 《돈키호테》다. 또한 커밍스는 제1차 세계대전 중 더럽고 비좁은 프랑스 감옥에서 《거대한 방》을 집필했다. 올리비에 메시앙은 나치 강제 수용소에서 20세기 음악의 가장 위대한 업적 중 하나로 손꼽히는 〈시간의 종말을 위한 4중주〉를 작곡했다. 메시앙은 혹독하게 추웠던 1941년 겨울 실레지아의 8번 수용소에서, 당시 그의 표현에 따르면 "꺼지지 않는 불, 버릴 수 없는 희망"을 담은 여덟 개의 악장을 만들었다. 이렇듯 우리는 한계가 주는 힘, 환경이 주는 힘, 삶의 끌어당김이 마음과 영혼, 정신과 물질에 독창적인 돌파구를 만드는 데 얼마나 큰 힘을 발휘하는지 수차례 확인해 왔다.

산중으로 들어가 아름다운 그림을 그리는 건 멋진 일이다. 하지만 전쟁 같은 삶의 업보 한가운데서 모든 시대와 장소의 고통을 짊어진 붓을 들고 하쿠인처럼 그저 원 하나를 그리는 예술가는 더욱 멋지고 도전적이지 않은가. 그 원은 인식의 문, 해방의 문으로서 수 세기에 걸쳐 소중히 간직될 것이다. 종이 위에 남긴 이 작은 흔적은 예술가와 세상의 고통을 하나로 연금해 아름다움과 경이로움으로 만들어 낸 용기 있는 행위의 표상이다.

이러한 연금술이 우리 안에서 완전히 무르익으면 삶과 예술에서 일어나는 즉흥적인 행위는 릴라의 모든 차원을 가지게 된다. 그런 순간이 오면 순수함과 경험이 한데 어우러져 신처럼 자유롭게 놀 수 있게 될 것이다.

〈십우도〉 중 기우귀가, 토미키치로 토쿠리키(德力富吉郎)

작가의 말

나는 19세기 프랑스 작가들이 시나 책을 마치며 앙부아(Envoi)라고 하는 작은 후문을 덧붙였던 방식을 좋아한다. 이는 보내기, 책과 작별 인사를 나누고 세상에 내보내는 의식이다.

또한 나는 내가 쓴 책이 오랜 시간 독자들과 어떻게 소통하는지 지켜보길 좋아한다. 이 책은 34년 전에 처음 출판되었고, 집필을 시작한 건 무려 42년 전이다. 30대에 샌프란시스코에서 로스앤젤레스로 밤길을 운전해 가던 중에 들른 식당에서 냅킨에 끼적인 첫 문장들, 팔로마 산맥의 휴양지에서 쓴 문장들, 청구서를 결제하려고 컴퓨터 회계 소프트웨어를 작성하는 틈틈이 쓴 문장들. 그때는 그 문장들을 누군가 읽어 주리라 생각조차 하지 못했다. 많은 예술가가 그렇듯 아무도 읽지 않을 시를 쓰고, 몇 명 안 되는 사람들을 위한 연주회를 열면서 내가 지금 무얼 하고 있는지 고민에 빠지곤 했다. 때로는 엄청난 애정과 노동을 쏟아부어 창조해 낸 무언가를 바다에 던져 순식간에 흔적도 없이 사라지게 하는 듯한 기분이 들기도 했다.

몇 년 전 도쿄의 한 극장에 앉아 젊은 예술가들, 그리고 일본어로 번역된 이 책을 읽은 독자들과 토론을 하던 중이었다. 갑자기 감사와 놀라움이 밀려왔다. 40여 년이 지난 지금 이 책으로 다시 세상과 소통하고 있다니, 그 옛날 냅킨에 적은 문장들이 수십 년을 거쳐 지구 반 바퀴를 돌아 내가 책을 쓸 때 태어나지도 않았던 새로운 독자들에게 읽히고 있다니, 눈물이 났다.

오늘 나는 이 책에 또 한 번 작별 인사를 하고 산들바람에 실어 보낸다.

나는 여러 대학을 돌아다니며 초청 강연을 한다. 한번은 강연 중에 한 친구가 말하길, 내가 하는 일은 학생들에게 정보를 제공하거나 지식을 가르치는 게 아니라 그들을 축복하는 것이라고 이야기한 적이 있다. 하지만 자신의 영적 내면을 깊이 탐구하고 순간순간 새로운 것을 창조할 수 있도록 안전하고 바람직한 공간(테메노스)을 열어 가는 건 전적으로 그들의 몫이다. 자유로운 놀이는 즉흥적인 창조의 흐름을 타고 펼쳐진다. 더 자주 흐르고 꽃피울 수 있도록 자기만의 방식에서 벗어나는 기쁨을 불러일으킨다. 음악, 미술, 글쓰기, 요리, 코딩, 춤, 말하기, 연기, 집이나 기계를 만들고 고치기. 어떤 분야에서건 숙련된 몸을 가진 사람이라면 누구나 자유롭게 놀 수 있다.

바이올린 연주의 거장 예후디 메뉴인은 1980년 어느 날 저녁, 내가 그를 위한 연주를 마쳤을 때 즉흥 연주에 대한 책을 써 보라고 제안했다. 즉흥 연주의 정의, 방법, 현을 처음 만지는 순간에 일어나는 일에 관해서 말이다. 즉흥 연주를 좋아하지만 악보 없이는 연주할 수 없었던 그는 "무(無)에서 어떻게 연주를 하나요?"라고 내게 물었다(물론 무라는 건 존재하지 않는다).

나는 앞으로 어떤 고민을 하게 될지 전혀 생각하지 못한 채 알겠다고, 책을 쓰겠다고 말했다. 그 후 이 책은 무엇을 어떻게 해야 하는지가 아니라 창조 행위의 정신적 내면에 관해 이야기하는 책이라는 사실을 깨닫기까지 단 2초, 집필에는 8년이 걸렸다. 이 책에는 설명할 수도, 요약할 수도, 평가할 수도 없는 과정에 대한 이야기가 담겨 있다. 오직 경험으로만 알 수 있는 그 이야기는 힘든 시기에도 종종 당신에게 놀라움을 선사할 것이다.

오늘날 우리는 세상에서 아름다움과 용기를 볼 수도 있고 탐욕과 증오와 망상을 볼 수도 있다. 매년 더 불안정해지는 듯한 공유 환경 속에 살고 있지만, 정직한 소리를 내고 정직한 말을 함으로써 세상을 변화시킬 수 있다. 이제 우리는 그 어느 때보다 인간의 창조성이 가진 힘, 기쁨, 필요성을 지지하는 목소리를 내야 한다. 이 책의 목적은 미래 세대를 축복하고, 사람들이 자신의 삶을 살아가며 영감을 얻고 즐거움을 누리는 가운데 다른 이들에게 용기와 끈기를 주는 의미 있는 작품을 창조할 수 있도록 격려하는 것이다. 우리 선조들이 그랬듯이 말이다.

악기의 줄에 손가락을 대려면 잠시 시간이 필요하다. 말을 하기 전에 숨을 고를 때도 시간이 걸린다. 이 책은 그 모든 순간 내면에서 일어나는 일에 관해 이야기한다. 그 순간에는 우리가 영원히 탐험할 수 있는 거대한 세계가 있다. 부디 이 탐험을 즐기기를, 앞으로도 혼자서 또는 함께 탐험을 이어 가길 바란다.

우리는 위태롭고 무상한 세상에 살고 있다. 이런 상황에서 악기 연주를 비롯한 모든 예술이 어떻게 도(道)가 될 수 있는지 배운다는 건 인간의 존엄성과 유머를 보여 주는 놀라운 일이다. 함께 호흡하는 악기, 파트너, 발밑의 땅, 주변의 모든 사물 그리고 생명체와 상호작용하면서 온몸의 감각에 완전히 몰입하라. 현을 당기면 '띵!' 하는 소리가 울려 퍼지고 이내 서서히 사라진다. 가만히 앉아서 바람에 흔들리는 나뭇잎, 흘러가는 물, 굴러가는 도시의 차를 지켜보라. 고요함과 소음을 느껴 보라. 그러다 어느 순간 적절한 때가 오면 다시 현을 당겨라. 흘러가는 소리와 작별 인사를 나누어라.

2024년
스티븐 나흐마노비치

감사의 말

이 책이 세상에 나오기까지 따듯한 지지를 보내 주고 실질적인 조언과 도움을 아끼지 않은 친구와 동료에게 감사의 말을 전한다. 여기에 적은 이름은 극히 일부에 불과함을 밝힌다.

데이비드 레브런(David Lebrun), 론 페인(Ron Fein), 압둘 아지즈 사이드(Abdul Aziz Said), 예후디 메뉴인(Yehudi Menuhin), 엘런 도랜드(Ellen Dorland), 윌 맥위니(Will McWhinney), 아트 엘리스(Art Ellis), 벤 베르진스키(Ben Berzinsky), 제레미 타셔(Jeremy Tarcher), 디나 메츠거(Deena Metzger), 루스 와이스버그(Ruth Weisberg), 디애나 린든(Dianna Linden), 롤레트 쿠비(Lolette Kuby), 린다 갈리잔(Linda Galijan), 산제이 쿠마(Sanjay Kumar), 제이 호프만(Jay Hoffman), 짐 보건(Jim Bogan), 로라 쿤(Laura Kuhn), 엘리자베스 데 마레(Elisabeth Des Marais).

내가 책을 집필하기 3년 전에 세상을 떠난 나의 친구이자 스승인 그레고리 베이트슨에게 고마움을 전한다. 그의 사상이 가진 힘과 따듯함은 이 모든 것에 차마 헤아릴 수 없는 방식으로 깊은

266

영향을 주었다.

1983년 레지던스 작곡가 수련회에서, 처음 이 책의 아이디어를 구상하고 틀을 짤 수 있게 발판을 마련해 준 돌랜드 마운틴 아츠 콜로니(Dorland Mountain Arts Colony) 명상센터에 뜨거운 감사의 마음을 보낸다.

참고 도서

Ashby, W. Ross. *Introduction to Cybernetics*. New York and London: John Wiley and Sons, Inc. 1956

Bateson, Gregory. *Mind and Nature*. New York: E.P. Dutton. 1979.

Bateson, Gregory. *Steps to an Ecology of Mind*, Chandler, 1972; Ballentine, 1972.

Beethoven, Ludwig van, *Letters*. Ed. Emily Anderson. London, 1961.

Bernstein, Leonard. *The Unanswered Question*. Cambridge: Harvard University Press, 1961.

Berry, Wendell. *Standing by Words*. San Francisco: North Point Press, 1983.

Blake, William, *Complete Poetry and Prose*, 1783-1827. ed. David Erdman, New York: Doubleday, 1970.

Blake, William. *Illustrations of the Book of Job*. 1825.

Carroll, Lewis. *Through the Looking Glass and What Alice Found There*. 1896.

Chang Chung-yuan, *Creativity and Taoism*, 1963. New York: Harper & Row, 1970.

Chuang-Tzu, *The Way of Chuang-Tzu*, 4th Century BCE. Tr. Thomas Merton, London: Unwin Books, 1965.

Copland, Aaron. *Music and Imagination*. Cambridge: Harvard University Press, 1952.

cummings, e.e. *1 X 1 {One Times One}*. New York: Liveright, 1944.

cummings, e.e. *the enormous room*. New York: Liveright, 1923.

Dégas, Edgar. Notebooks, 1856, in *Artists on Art*. New York: Pantheon, 1945.

Dogen, Kigen. *Shobogenzo (The Eye and Treasury of the True Law)*. 1237-1253. Tr. Kosen Nishiyama & John Stevens. Tokyo: Niakyamo Shobo, 4 vols. 1975.

Einstein, Albert. In K. Seelig, *Albert Einstein*. Zurich: Europa Verlag, 1954.

Eliot, T.S. *Four Quartets*, in *The Complete Poems and Plays*, 1909-1950. New York: Harcourt, Brace & World, 1952.

Graham, Martha, in Agnes de Mille, *Dance to the Piper*.

Grappelli, Stéphane, in Whitney Balliet, 'Profiles: You must start well and end well-an interview with Stéphane Grappelli' *New Yorker*, 51:41, 1/19/1976.

Grudin, Robert. *Time and the Art of Living*. New York: Ticknor & Fields, 1982.

Herbert, Frank. *Dune Messiah*. New York: Berkley Books, 1967.

Herrigel, Eugen. *Zen in the Art of Archery*. New York: Pantheon, 1953.

Hughes, Richard. *A High Wind in Jamaica*.

Huizinga, Johan. *Homo Ludens: A Study of the Play Element In Culture*. 1938. Boston: Beacon Press, 1955.

Jung, Carl (commentary) and Richard Wilhelm (translation). *The Secret of The Golden Flower*. 8th Century. New York: Harcourt, Brace, & World, 1931.

Jung, Carl. *Psychological Types*. 1921 Tr. Cary Baynes & R.F.C. Hull.. Bollingen Foundation/Princeton.

Khan, Hazrat Inayat. *Music*. 1921. London: Barrie & Rockliff, 1960.

Köhler, Wolfgang. *The Task of Gestalt Psychology*. Princeton University Press, 1969.

Lawrence, D.H. *Complete Poems*. New York: Viking Press, 1930.

Lebrun, Rico. *Drawings*. Berkeley & Los Angeles: University of California Press. 1961.

Leggett, Trevor. *Zen and the Ways*. Boulder & London: Shambhala, 1978.

Lévi-Strauss, Claude. *The Savage Mind (La Pensée Sauvage)*. Chicago: University of Chicago Press, 1966.

Lu Chi, *Wen Fu: The Art of Writing*, 261 CE. Translation by Sam Hamill. Portland: Breitinbush Books, 1987.=

May, Rollo. *The Courage To Create*. New York: W.W. Norton, 1975.

Miller, Alice. *The Drama of the Gifted Child*. 1979. Tr. Ruth Ward, New York: Basic Books, 1981.

Miller, Henry. "Reflections on Writing," in *Wisdom of the Heart*. New York: New Directions, 1941.

Miller, Stephen. "Ends, Means, and Galumphing: Some Leitmotifs of Play." *American Anthropologist*, 75:1, 1973.

Mumon Ekai. *Mumonkan (The Gateless Gate)*. 1228. Tr. Zenkei Shibayama, New York: Harper & Row, 1945; or Tr. Nyogen Senzaki and Paul Reps, in *Zen Flesh, Zen Bones*, Tokyo & Rutland, Vermont: Charles Tuttle, 1967.

Paz, Octavio. *The Bow and the Lyre*. 1973. Austin: University of Texas Press, 1987.

Piaget, Jean. *Play, Dreams, and Imitation in Childhood (La Formation du Symbole)*. Tr. C.Gattegno and F.M.Hodgson, 1951. New York: W.W.Norton, 1962.

Piaget, Jean. *The Construction of Reality in the Child*. Tr. Margaret Cook. New York: Basic Books, 1954.

Plato, *Timeas*, 47d and 90d; Cornford and Jowett translations.

Plato, *Meno*. 4th Century BCE. Tr. Benjamin Jowett, Oxford University Press.

Pope, Alexander. *Essays on Criticism, Part III*. 1711.

Radin, Paul. *The Trickster*. Boston: Routledge & Kegan Paul, 1956.

Ries, Ferdinand, in A.W. Thayer. *Thayer's Life of Beethoven*, ed. Eliot Forbes. Princeton University Press, 1964.

Rainer Maria Rilke, *The Sonnets to Orpheus (#3)*. 1922.

Rumi, Jallaludin. *The Mathnavi*. 1260. Tr. R.A. Nicholson. 6 vols, Cambridge, 1934. Fragments tr. Daniel Liebert, Santa Fe: Source Books, 1981.

Schickele, Peter. *P.D.Q. Bach on the Air*. New York: Vanguard Recordings, 1967.

Schoenberg, Arnold. *Style and Idea*. Berkeley & Los Angeles, University of California Press, 1950.

Seng-Tsan, *Hsin Hsin Meng*, 8th Century.

Sonneck, O.G., ed. 1926. *Beethoven: Impressions By His Contemporaries*. New York: Dover, 1967.

Stravinsky, Igor. *The Poetics of Music*. Harvard University Press, 1961.

The Blue Cliff Record. 1128. Oral transmission. Among the translations and versions: Katsuki Sekida, *Two Zen Classics: Mumonkan and Hekiganroku*, Tokyo & New York: Weatherhill, 1977; Thomas and J.C. Cleary. *The Blue Cliff Record*, Boulder & London: Shambhala, 1977.

The Diamond Sutra. 2nd Century. Tr. A.F. Price. Boulder & London: Shambhala, 1969.

Van Gogh, Vincent. *Further Letters of Vincent Van Gogh to His Brother*. 1888. London: Constable & Co.

White, Minor. *Rites & Passages: His photographs accompanied by excerpts from his diaries and letters*. New York: Aperture, 1978.

Wickes, Frances. *The Inner World of Childhood*. 1928. New York: Appleton-Century, 1966.

Winnicott, D.W. *Playing and Reality*. London: Tavistock, 1971; Pelican, 1974.

Winternitz, Emmanuel. *Leonardo da Vinci as a Musician*. Yale University Press, 1985.

Wolfe, Thomas. *The Story of a Novel*. New York: Charles Scribner's Sons, 1936.

Woolf, Virginia. *A Room of One's Own*. London: Faber, 1929.

Yeats, William Butler. *Last Poems and Plays*. London: Macmillan, 1940.

미주

<1> Rainer Maria Rilke, *The Sonnets to Orpheus (number 3)*. 1922.

<2> This story was discovered by Trevor Leggett, in *Zen and the Ways*, 1978.

<3> Stéphane Grappelli, in *American Musicians II: Seventy-Two Portraits in Jazz* by Whitney Balliett, 1986.

<4> William Blake, *The Marriage of Heaven and Hell*. 1793.

<5> Arnold Schoenberg, "Brahms the Progressive," 1947, in *Style & Idea*, 1950.

<6> Emmanuel Winternitz, *Leonardo da Vinci as a Musician*. Yale University Press, 1985.

<7> Baron de Trémont, in *Beethoven: Impressions By His Contemporaries*, O.G. Sonneck, ed. 1926.

<8> Karl Czerny, *ibid*.

<9> Gordon Onslow-Ford, *Painting in the Instant*, 1964, New York: Harry Abrams, London: Thames and Hudson.

<10> William Blake, from "The Pickering Manuscript," 1794.

<11> Martha Graham, in Agnes de Mille, *Dance to the Piper*.

<12> Hakuin, "Oategama," [1748], in *Zen Master Hakuin*, 1971

<13> William Butler Yeats. *Last Poems and Plays*, 1940.

<14> Chang Chung-yuan, *Creativity and Taoism*, 1963.

<15> Frances Wickes. *The Inner World of Childhood*. 1928.

<16> Blaise Pascal, *Pensées*, 1670.

<17> Johan Huizinga. *Homo Ludens: A Study of the Play Element In Culture*. 1938.

<18> Stephen Miller [Nachmanovitch]. "Ends, Means, and Galumphing: Some Leitmotifs of Play." *American Anthropologist*, 75:1, 1973. ("Galumphing" after Lewis Carroll, *Through the Looking Glass and what Alice Found There*, 1896).

<19> W. Ross Ashby. *Introduction to Cybernetics*. 1956.

<20> *The Gospel According to Matthew* 4:4.

<21> Alexander Pope. *Essays on Criticism, Part III*. 1711.

<22> Paul Radin. *The Trickster*. 1956.

<23> *The Gospel According to Mark 10:15*. King James Version.

<24> Ernst Kris, *Psychanalytic Explorations in Art*, 1952.

<25> *The Blue Cliff Record*, (koan 80). 1128 CE.

<26> D.W. Winnicott, *Playing and Reality*. 1971.

<27> Aaron Copland. *Music & Imagination*. p.43

<28> Jallaludin Rumi. *The Mathnavi*. 1260. Tr. R.A. Nicholson.

<29> *Further Letters of Vincent Van Gogh to His Brother*. 1888.

<30> William Blake, *Milton*, 1804.

<31> Oral transmission. See D.T. Suzuki, "The Zen koan as a means of attaining enlightenment." *Essays in Zen Buddhism, Second Series*, Rider & Co, 1950, p. 89.

<32> Igor Stravinsky, *The Poetics of Music*. 1942.

<33> T.S. Eliot, *Four Quartets* (Little Gidding). 1941.

<34> Rico Lebrun, *Drawings*, 1961, University of California Press.

<35> This view of assimilation and accommodation is due to Jean Piaget. See especially his *Play, Dreams, and Imitation in Childhood*.

<36> T.S. Eliot, *Four Quartets* (Burnt Norton). 1941.

<37> Igor Stravinsky, *The Poetics of Music*. 1942.

<38> Wendell Berry, "Poetry and Marriage," (1982) in *Standing by Words*.

<39> M.C. Richards, *Centering*.

<40> *Psalms* 118:22.

<41> Emmanuel Winternitz, *Leonardo da Vinci as a Musician*. Yale University Press, 1985.

<42> Lu Chi, *Wen Fu: The Art of Writing*, 261 CE.

<43> Peter Schickele, *P.D.Q. Bach on the Air*. New York: Vanguard Recordings.

<44> Stravinsky, *Poetics of Music*, 1947.

<45> Bob Dylan, "Absolutely Sweet Marie,'" from *Blonde on Blonde*, Dwarf Music, 1966.

<46> Rollo May. *The Courage To Create*. 1975.

<47> For a powerful exploration of these matters, see Alice Miller, *The Drama of the Gifted Child*, 1981.

<48> e.e cummings. *50 Poems*. 1940.

<49> In K. Seelig, *Albert Einstein*. Zurich: Europa Verlag, 1954.

<50> Virginia Woolf. *A Room of One's Own*. 1929.

<51> Aaron Copland, *Music and Imagination*, 1952. <p. 106>

<52> Auguries of Innocence.

<53> William Blake, *Jerusalem*, 1806.

<54> Seng-Tsan, *Hsin Hsin Meng*, 8th Century.

<55> Letter to Hermann Levi, 1874.

<56> Edgar Dégas. Notebooks, 1856, in *Artists on Art*. 1945.

<57> Jallaludin Rumi. From *The Mathnavi*. 1260. Tr. Daniel Liebert, 1981.

<58> *The Blue Cliff Record*. 1128, (koan 27).

<59> Minor White, *Rites & Passages: His photographs accompanied by excerpts from his diaries and letters*. New York: Aperture, 1978.

<60> Wolfgang Köhler. *The Task of Gestalt Psychology*. Princeton University Press, 1969.

<61> D.H.Lawrence, "*Song of a man who has come through*." 1930.

<62> *Job* 32:19.

<63> Plato, *Meno*.

<64> Chuang Tzu, 3rd Century BCE. (*xiii.i.*).

<65> Dogen (1200-1253), *Shobogenzo*.

<66> Rainer Maria Rilke, *Duino Elegies*. 1911.

<67> Hazrat Inayat Khan. *Music*. 1921. London: Barrie & Rockliff, 1960.

<68> Walt Whitman, *Leaves of Grass*.

<69> William Blake, *The Marriage of Heaven and Hell*.

<70> David Kinsley, *The Sword and the Flute*.

<71> Eugen Herrigel, *Zen in the Art of Archery*.

<72> Octavio Paz, *The Bow and the Lyre*. 1973.

<73> G.K. Chesterton, Preface to Dickens' *Pickwick Papers*.

<74> John Keats, *Ode on a Grecian Urn*.

<75> Plato, *Phaedrus*.

<76> Yehudi Menuhin, *The Violin*. 1996. Paris: Flammarion.

<77> Herbert Read, *Annals of Innocence and Experience*.

<78> Dogen, "Genjokoan," *Shobogenzo*. 1250.

<79> James Lovelock, Gaia: *A New Look at Life on Earth*, Oxford, 1979. *Ages of Gaia*, 1988.

<80> Gregory Bateson, "Style, Grace, and Information in Primitive Art," in *Steps to an Ecology of Mind*.

<81> Bateson. *Mind and Nature*.

<82> Plato, *Timeas*, 47d and 90d; Cornford and Jowett translations.

<83> Virginia Woolf. *A Room of One's Own*.

<84> Frank Herbert. *Dune Messiah*. 1967.

<85> Henry Miller. "Reflections on Writing," in *Wisdom of the Heart*. 1941.

<86> Mumon Ekai. Mumonkan (*The Gateless Gate*). Koan #19. 1228.

<87> Ludwig van Beethoven, *Letters*. Ed. Emily Anderson.

즉흥 연주 음악가로서 내가 하는 일은
음악도 창조 작업도 아니다.
나는 내려놓는 연습을 하는 사람이다. (…)
내려놓음이란 모름에 대해 편안한 태도를 갖는 것,
언제나 놀랍고 새로운 순간의 수수께끼를
받아들임을 의미한다.

나를 해방하고 열어 주는 창조적 놀라움,

내려놓음이라는 수수께끼는

즉흥적으로 무언가가 솟아오르게 한다.

아무것도 감출 게 없는 투명한 상태가 되면

언어와 존재의 간격이 사라진다.

그 순간 뮤즈가 우리에게 말을 건넨다.

무엇이 삶을 놀이로 만드는가

2024년 6월 28일 초판 1쇄 발행

지은이 스티븐 나흐마노비치 • 옮긴이 권혜림
발행인 박상근(至弘) • 편집인 류지호 • 편집이사 양동민
책임편집 양민호 • 편집 김재호, 김소영, 최호승, 하다해, 정유리
디자인 쿠담디자인 • 제작 김명환 • 마케팅 김대현, 김선주, 이선호 • 관리 윤정안
콘텐츠국 유권준, 정승채, 김희준
펴낸 곳 불광출판사 (03169) 서울시 종로구 사직로10길 17 인왕빌딩 301호
        대표전화 02) 420-3200 편집부 02) 420-3300 팩시밀리 02) 420-3400
        출판등록 제300-2009-130호(1979. 10. 10.)

ISBN 979-11-7261-014-2 (03190)

값 18,000원